L'INTIMIDATION

CHANGER LE COURS DE LA VIE DE VOTRE ENFANT

UN LIVRE POUR LES PARENTS

William Voors

L'INTIMIDATION

CHANGER LE COURS DE LA VIE DE VOTRE ENFANT

Traduction de
Fernand A. Leclerc et Lise B. Payette

SCIENCES ET *CULTURE*
Montréal, Canada

L'édition originale de cet ouvrage a été publiée sous le titre
The Parent's Book about Bullying

avec l'autorisation de Hazelden Foundation
Center City, Minnesota 55012-0176, É.-U.

Réalisation de la couverture : Alexandre Béliveau

Dépôt légal : 1er trimestre 2003
Bibliothèque nationale du Québec
Bibliothèque nationale du Canada

ISBN 2-89092-310-X

Éditions Sciences et Culture
5090, rue de Bellechasse
Montréal (Québec) Canada H1T 2A2
(514) 253-0403 Téléc. : (514) 256-5078
Internet : www.sciences-culture.qc.ca
Courriel : admin@sciences-culture.qc.ca

Nous reconnaissons l'aide financière du gouvernement du Canada par l'entremise du Programme d'Aide au Développement de l'Industrie de l'Édition pour nos activités d'édition.

IMPRIMÉ AU CANADA

Table des matières

PARTIE III.
Que faire si votre enfant intimide

Note de Hazelden

Hazelden Educational Materials publie divers documents sur la dépendance chimique et autres domaines connexes. Nos publications ne représentent pas nécessairement l'opinion officielle de *Hazelden* ou de ses programmes, ni ne prétendent parler officiellement au nom d'aucune des organisations qui utilisent les Douze Étapes.

Préface

Pendant des décennies, les chercheurs de plusieurs pays ont documenté les conséquences sérieuses associées à l'intimidation (*bullying*) et certains pays ont lancé des campagnes nationales pour protéger les enfants contre le harcèlement de leurs pairs. Malheureusement, les chercheurs américains commencent à peine à reconnaître que l'intimidation est un problème sérieux chez les jeunes. En conséquence, nous sommes encore loin d'une totale compréhension de ce comportement agressif, et encore plus loin de l'application, dans les écoles, des programmes importants de prévention et d'intervention sur une grande échelle. Quand on sait que chaque adulte, ou presque, se souvient d'avoir été intimidé, d'avoir intimidé quelqu'un ou d'avoir été témoin de tels événements dans sa jeunesse, il est quelque peu surprenant de constater qu'il a fallu tant de temps pour reconnaître l'effet destructeur du harcèlement par les pairs chez les enfants et adolescents. Si les chercheurs ont encore beaucoup à apprendre sur l'intimidation, les parents ont besoin *dès maintenant* d'une ressource qui les informe sur ce qu'on *sait* déjà.

William Voors offre exactement cela dans *L'INTIMIDATION.* Il est évident qu'il a une connaissance étendue des travaux des chercheurs sur l'intimidation. Il définit clairement la vaste gamme des comportements intimidants et discute de la manière dont les attitudes sociétales des adultes façonnent et encouragent le harcèlement par les pairs. Il donne des listes de signes comportementaux et psychologiques qui aideront les parents à évaluer si leur enfant est une cible ou l'instigateur d'intimidation. Le livre aidera aussi les parents à engager un dialogue avec leurs enfants sur l'intimidation, et à appliquer des suggestions pratiques pour aider leurs enfants à surmonter des comportements autodestructeurs.

Dans ses conseils aux parents, William Voors puise aussi dans ses nombreuses années d'expérience clinique à conseiller les enfants et les adolescents qui ont été intimidés, qui ont intimidé ou ont été témoins d'intimidation. Il en résulte un livre plein d'histoires de cas attachants et explicatifs. Bien que ce livre soit destiné spécifiquement aux parents, tous les adultes y trouveront de l'information utile. Comme M. Voors le dit dans l'épilogue : « Pour combattre l'abus des pairs, il faut un effort concerté de la part des parents, des écoles, du système judiciaire et de la communauté tout entière. »

DOROTHY L. ESPELAGE, PH.D.
Professeure adjointe
Département de psychopédagogie
Université de l'Illinois à Urbana-Champaign

Remerciements

J'aimerais remercier tous ceux qui ont participé en m'aidant à terminer ce livre. D'abord, merci à Cynthia Harris, mon éditrice chez Hazelden, qui a été une fontaine de patience et de sagesse. Je veux aussi remercier mon agent, Jane Jordan Browne, et Janie McAdams qui m'a aidé dans la rédaction. Plusieurs autres personnes – ma famille, mes amis et mes collègues – m'ont aidé en lisant, en critiquant, en me donnant des conseils professionnels ou en m'épaulant tout simplement pendant cet exercice. Ils sont trop nombreux pour les nommer, mais vous vous reconnaîtrez et votre appui m'a été plus précieux que je ne saurais le dire. Je veux remercier mes parents qui m'ont donné la vie et m'ont appris à vivre; mes fils, dont la seule présence est un cadeau, et pour le privilège et la joie que j'ai d'être leur père; et enfin, un merci tout particulier à ma femme qui enrichit ma vie de tant de façons.

Introduction

Imaginez que vous faites la queue au supermarché après une dure journée de travail. Vous êtes fatigué, vous avez faim et votre esprit vagabonde. Appuyé sur votre chariot, vous attendez patiemment en passant votre journée en revue. Vous souriez au souvenir d'un incident drôle au moment où votre enfant est parti pour l'école ce matin. Vous vous estimez heureux d'être le parent d'un enfant si formidable. Soudain, votre rêverie est interrompue par un coup solide à la tête. Vos oreilles bourdonnent sous le choc et, au moment où vous levez la main pour vous protéger, vous entendez quelqu'un dire : « Hé! Je suis pressé, laisse-moi passer. » En vous tournant, vous voyez un client qui pousse son chariot devant le vôtre, tirant le vôtre vers l'arrière en vous faisant presque tomber. L'attitude du client vous laisse entendre que mieux vaut le laisser faire sous peine de conséquences graves. Il sourit et semble bien s'amuser. Vous regardez les autres clients pour voir si quelqu'un se portera à votre secours, mais ils passent leur chemin comme si vous étiez invisible et personne ne semble avoir remarqué quoi que ce soit. Dans un endroit public où vous devriez vous sentir en sécurité, vous vous sentez sérieusement menacé.

Une avalanche de sentiments – colère, choc, humiliation, impuissance et peur – vous envahit pendant que vous essayez de décider quoi faire. Vous devez réagir. Vous faut-il avertir le directeur? Ignorer le coupable? Exiger de reprendre votre place? Appeler la police?

Vous trouvez probablement ce scénario un peu absurde. Il faut bien admettre qu'il est peu probable que cela puisse se produire entre adultes. Nous ne nous attendons pas à un tel comportement de la part d'un adulte envers un autre et nous ne le tolérons pas. Cependant, on attend des enfants qu'ils supportent de telles situations chaque jour dans leur quartier et, particulièrement, à l'école. Dans un cadre qui devrait les protéger du danger, les enfants sont soumis à toutes formes d'abus de la part d'autres enfants – injures, exclusion et assauts physiques. Pire encore, beaucoup d'adultes minimisent ou ignorent souvent ces abus pour la simple raison que les instigateurs sont des enfants. C'est comme si nous pensions que les enfants ne peuvent pas se faire de mal entre eux au même titre que les adultes peuvent le faire à d'autres adultes ou à des enfants.

Intimidation (bullying) est le terme qu'on emploie pour qualifier le comportement de toute personne qui maltraite un autre être humain en usant de force physique, d'autorité ou d'un avantage social ou intellectuel. Non limité aux enfants, le terme *intimidateur (bully)* s'applique aussi bien aux adultes qui maltraitent des enfants ou d'autres adultes, incluant les époux ou les conjoints. Cependant, les étiquettes, comme « abuseur » ou « victime », identifient le comportement envers un individu et ne sont pas productives. L'étiquetage peut piéger l'enfant que nous voulons aider. Quand nous donnons une étiquette aux enfants, nous renforçons l'impression que leur comportement dans des situations d'intimidation est permanent. C'est pourquoi je préfère les expressions *enfants qui intimident* pour décrire les instigateurs, et *cibles* pour les enfants qui sont intimidés. Bien que ces deux termes puissent sembler étranges au premier abord, ils éliminent la notion de blâme chez les deux parties et permettent aux parents de travailler avec leurs enfants de façons plus compréhensives.

Un terme clinique plus exact pour l'intimidation entre enfants serait *abus des pairs,* mais il n'est pas encore utilisé dans le langage courant. En réalité, la plupart d'entre nous n'ont jamais entendu cette expression. Pourtant, de nombreuses formes d'interaction humaine aujourd'hui inacceptables dans notre société ont empoisonné notre culture pendant des décennies, des siècles même, avant que leur identification n'en change la perception du public. Un nouveau terme nous permet souvent de voir un comportement sous un jour différent. L'abus des enfants, la violence faite aux enfants par des adultes, en est un bon exemple. Ce n'est qu'au cours de la génération précédente que nous avons, en tant que culture, reconnu que le mauvais traitement des enfants est un problème social sérieux. Avant les années 1970, la violence faite aux enfants était rarement dénoncée et souvent ignorée. En 1974, le Congrès américain a adopté une loi *pour la prévention et le traitement de la violence faite aux enfants,* donnant enfin aux enfants une forme de protection contre l'abus physique et émotionnel.

En tant que parents, nous voulons que nos enfants soient en sécurité. Nous voulons qu'ils aiment l'école, qu'ils participent à des activités qui les intéressent, qu'ils découvrent qui ils sont et qu'ils aient du plaisir avec leurs amis. Bref, nous voulons qu'ils aient une enfance heureuse. Pourtant, dans les écoles où je dirige des séminaires, les élèves disent régulièrement que l'intimidation est un « gros problème ». Que l'école soit au centre-ville ou en banlieue, qu'elle soit publique ou privée, leur réponse est la même. L'abus des pairs est une source sérieuse et omniprésente d'inquiétude pour les élèves.

Plusieurs études ont démontré les conséquences énormes de l'abus des pairs sur les enfants. Dans une étude sur les enfants d'un milieu rural, publiée en 1993, 90 pour cent des enfants de dix à quatorze ans ont déclaré avoir été la cible d'intimidation à un moment ou un autre de leur vie scolaire[1]. Les résultats d'une autre étude très sérieuse, publiée à peu près au même moment, ont démontré que 20 pour cent des enfants qui rapportent avoir été intimidés disent que cela leur a causé de sérieux problèmes sociaux et psychologiques[2]. Les données les plus récentes colligées par le *National Education Association* et le département de la Justice estiment que 160 000 enfants manquent l'école chaque jour pour éviter les attaques ou les menaces d'autres élèves[3]. Pourtant, les enfants qui intimident souffrent aussi. Non seulement ces enfants ont-ils de plus sérieux problèmes d'impulsivité et de manifestation inadéquate de la colère, mais ils ont aussi tendance à être plus déprimés et sont plus enclins à sentir qu’ils n’ont pas plus leur place à l’école que les enfants qui n’intimident pas.

La plupart des recherches mettent l’accent sur la charge émotionnelle imposée par l’abus des pairs durant l’enfance. Les résultats des quelques recherches qui ont exploré les effets à long terme de l’abus chronique des pairs sur la carrière et le succès financier sont alarmants. Les cibles et les instigateurs ont tous deux de moins bons résultats académiques et sont plus nombreux à décrocher, ce qui réduit leurs ambitions et limite sérieusement leur potentiel au cours de leur vie.

Les cibles de l’intimidation peuvent même avoir des tendances de violence extrême, non seulement envers elles-mêmes mais envers les autres. Il est impossible de nier le pouvoir destructeur de l’intimidation quand on examine quelques-unes des tragédies engendrées par l’abus chronique. Il y a quelques années en Floride, par un beau matin, on a trouvé un garçon de douze ans pendu à un arbre dans la cour arrière de sa maison. Il s’était suicidé parce qu’il n’était plus capable d’endurer les moqueries de ses camarades de classe. En Géorgie, un garçon qui avait été taquiné sans merci à cause de son obésité s’est présenté devant sa classe du secondaire, a dit qu’il ne pouvait plus accepter cet abus, a sorti une arme de son sac d’école et s’est tué. Les assauts émotionnels que ces garçons avaient subis les avaient détruits.

L’année scolaire 1998-1999 a été marquée par une horrible série de carnages dans les écoles secondaires partout aux États-Unis. Le fil conducteur entre ces événements était que la plupart des auteurs avaient été la cible d'abus chroniques des pairs. Heureusement, il est rare que les cibles de l'intimidation soient à la source de tels désastres; cependant, ces tragédies témoignent du désespoir et de la terrible souffrance dont sont l'objet les enfants victimes d'intimidation.

Malgré la flambée de violence extrême dans les écoles au cours des dernières années, les écoles demeurent des endroits relativement sûrs pour les enfants. Les cas de violence extrême sont rares. Même si très peu d'enfants deviendront les victimes ou les témoins de ces tragédies, nos enfants ne sont pas aussi en sécurité qu'ils devraient l'être.

Certains parents d'enfants intimidateurs s'inquiètent beaucoup du fait que leurs enfants n'apprennent pas à s'entendre avec les autres. Ces parents vivent constamment dans la crainte de recevoir un appel de l'école qui leur fera part d'un nouveau problème. Ils ne comprennent pas pourquoi leurs enfants ont des comportements inappropriés et ils sont frustrés parce que leurs nombreuses tentatives de changer le comportement agressif de leurs enfants n'ont pas donné de résultats.

Quand ces parents pensent à l'avenir de leurs enfants, ils peuvent souvent entrevoir une vie adulte marquée au sceau de la violence et de relations dysfonctionnelles à cause de comportements et d'attitudes fermement ancrées. D'autres parents d'enfants qui intimident peuvent ignorer le sérieux du comportement de leurs enfants et ressentir à l'occasion le besoin de défendre leurs actions.

Les parents d'enfants intimidés craignent que leurs enfants en viennent à souffrir des cycles d'abus de la part de leurs pairs. Ils peuvent craindre que leurs enfants soient handicapés par une faible estime de soi et une incapacité de créer des relations intimes à l'âge adulte.

En tant que parents qui espèrent beaucoup pour leurs enfants, il nous est difficile de reconnaître que notre propre comportement puisse contribuer aux difficultés de notre enfant. Les parents d'un enfant intimidateur peuvent, sans le savoir, donner l'exemple d'intimidation quand ils n'adoptent pas le comportement approprié face à des difficultés. Certains parents – en particulier les surprotecteurs – sont inefficaces dans leur rôle quand vient le temps de défendre leurs enfants contre l'intimidation, ce qui renforce le rôle de l'enfant en tant que cible.

Une des raisons pour lesquelles j'ai écrit ce livre est que, enfant, j'ai subi les brimades verbales de mes pairs. En plus de ce rôle pénible de cible, j'ai aussi été témoin de cas de harcèlement de mes confrères de classe. Je me souviens de l'impuissance et de la colère que j'ai ressenties en voyant un autre enfant se faire maltraiter. Ainsi, cela me fait souffrir quand j'entends parler de cas d'enfants intimidés. Cependant, j'ai beaucoup d'affection pour les enfants intimidateurs; je comprends qu'ils le font sous le coup d'une confusion émotionnelle, et non parce qu'ils sont de « mauvais » enfants. Je suis consterné parce que je connais les énormes dégâts que l'abus des pairs cause durant l'enfance non seulement aux enfants, mais aussi aux adultes que deviendront ces mêmes enfants. J'ai parlé à plusieurs adultes qui souffrent de dépression, d'anxiété, de phobies sociales et de problèmes relationnels trouvant leur source dans l'abus des pairs dont ils ont souffert dans leur enfance. Lorsque je demande à mes clients adultes s'ils ont déjà été intimidés pendant leur enfance et si leur vie en a été affectée, un nombre étonnant d'entre eux répondent par un « oui » retentissant, comme s'ils avaient attendu que quelqu'un leur pose la question. Chaque fois que j'entends un patient ressasser des souvenirs pénibles d'intimidation par ses pairs, je suis frappé par l'influence envahissante de l'intimidation durant tout le cours de la vie. J'ai aussi conseillé plusieurs adultes qui avaient été des intimidateurs au cours de leur enfance. Plusieurs d'entre eux ont continué à compter sur ce comportement destructeur à l'âge adulte, ce qui a créé des relations dysfonctionnelles, des familles éclatées, et parfois un comportement criminel.

Peu d'adultes comprennent que l'abus d'enfants par d'autres enfants est une menace sérieuse à l'équilibre mental des jeunes d'aujourd'hui, les adultes de demain. La prévention de l'abus des pairs et son traitement – tant chez les intimidés que chez les intimidateurs – est la prochaine frontière en matière de santé mentale. Pourquoi acceptons-nous encore si facilement ce mythe qui veut qu'une certaine quantité de violence contre un enfant soit normale si elle émane d'un enfant, et qu'elle soit mauvaise de la part d'un adulte? Tout comme nous l'avons fait au cours des années 1970 avec la question des mauvais traitements aux enfants, nous devons aujourd'hui faire face au fait que l'abus des pairs est un mal social corrigible.

Nous devons changer les normes culturelles qui permettent à l'intimidation de se poursuivre, et les parents y ont un rôle primordial à jouer. Tant que nous continuerons de croire à des notions erronées et dangereuses comme « Les enfants seront toujours des enfants » et « Les coups de bâton peuvent te blesser, mais jamais les mots » et « La raison du plus fort est toujours la meilleure », nous devrons nous attendre à une culture de la violence à l'école encore plus développée. Il n'est pas facile de contenir la violence. Nous savons que les détecteurs de métal, les lois plus sévères sur les armes, les plans de crise dans les écoles, les gardes armés et les lois plus sévères pour sévir contre les auteurs de violence ne règleront pas le problème. Pour le régler, il faudra un changement sociétal dans les attitudes et les comportements.

Mais, le changement des comportements sociaux est un lent processus. Le fait que vous lisiez ce livre signifie que vous cherchez probablement une réponse à l'inquiétude pressante que vous éprouvez pour vos enfants. Tant les intimidateurs que les intimidés doivent apprendre à s'accepter complètement, ainsi que les autres, comme ils sont. Ils doivent apprendre à répondre à leurs propres besoins tout en collaborant avec les autres. Ce livre vous aidera à enseigner à votre enfant les aptitudes nécessaires pour qu'il se sente plus en confiance, qu'il s'affirme lorsque cela est nécessaire, qu'il gère mieux sa colère et sa frustration et qu'il s'entende avec les autres de façon plus pacifique.

En tant que parents, nous sommes les plus importants enseignants de nos enfants. Il est essentiel que nous leur enseignions la compassion, l'empathie, l'affirmation de soi et le respect de soi en incarnant nous-mêmes ces valeurs. Quand nous aidons nos enfants à modifier leur comportement, nous faisons un pas de géant pour aider la prochaine génération à vivre une vie plus heureuse et plus productive. Les leçons que nous enseignons à nos enfants seront différentes selon qu'ils sont les cibles ou les initiateurs de l'intimidation, mais nous pouvons tous aider nos enfants à mieux se comprendre eux-mêmes et les uns les autres.

Partie I

LE PROBLÈME DE L'INTIMIDATION

Chapitre 1

Qu'est-ce que l'intimidation?

Selon l'Ecclésiaste, il n'y a rien de nouveau sous le soleil. Aujourd'hui, on assiste aux mêmes formes d'intimidation que pendant ma jeunesse, il y a quelque quarante ans. Cependant, l'intimidation est aujourd'hui plus intense, plus sexualisée à un plus jeune âge et plus potentiellement dommageable à cause d'une vulgarité sociétal en général et d'une désensibilisation à la violence.

Tous les conflits ne sont pas nécessairement de l'intimidation. Les enfants se chicaneront et se disputeront toujours entre eux. Un comportement d'affrontement normal va trop loin et devient de l'intimidation lorsque certaines conditions sont présentes. Un des deux scénarios qui suivent est de l'intimidation, l'autre ne l'est pas.

■ ■ ■

SCÉNARIO 1

Sam, élève de quatrième année, veut jouer au kickball, mais Kevin dit que Sam ne peut pas parce qu'il est trop lent. Sam, qui n'a jamais eu de problème à s'entendre avec Kevin jusque-là, dit que, lent ou pas, il désire jouer. Sam prend le ballon à Kevin et dit qu'il jouera. Kevin pousse Sam, le faisant tomber, et la bataille s'engage.

SCÉNARIO 2

Alex, un autre élève de quatrième année, veut lui aussi jouer au kickball. Il est un des élèves les plus costauds de la classe, mais il est malhabile et peu doué pour les sports. Il dit à Geoffrey qu'il veut jouer et Geoffrey dit qu'il est d'accord, mais Kevin crie qu'Alex ne peut jouer « parce qu'il est une poule mouillée et qu'il frappe le ballon comme une fille ». Puis, Kevin éclate de rire, suivi par plusieurs autres garçons. Geoffrey ne rit pas, mais il ne se porte pas à la défense d'Alex non plus. Alex dit « OK » et il va s'asseoir seul, à l'écart du jeu. Il se sent gêné et frustré parce que c'est la troisième journée de suite que Kevin le traite de poule mouillée et l'humilie sur le terrain de jeu.

■ ■ ■

Le premier cas est un conflit mal résolu entre deux garçons, mais ce n'est pas de l'intimidation. Les batailles entre garçons de cet âge ne sont pas rares. Certains garçons en viendront aux prises à l'occasion en faisant graduellement l'apprentissage de la résolution de leurs conflits de façon socialement acceptable. Ces garçons étaient à peu près d'égale force, et Sam n'a pas peur de Kevin. Sam s'est affirmé clairement face à Kevin et il n'était pas prêt à se voir exclu pour la simple raison que Kevin ne voulait pas qu'il joue.

Le deuxième scénario correspond à notre définition de l'intimidation : *Il y a intimidation quand une ou plusieurs personnes ont du plaisir à utiliser le pouvoir pour maltraiter de façon répétitive et constante une ou plusieurs personnes.* Nous pouvons identifier trois critères dans cette définition.

1. **Il doit y avoir *des gestes négatifs répétés et constants* contre l'enfant.** Les enfants sont naturellement résistants et peuvent s'accommoder de gestes occasionnels et isolés de méchanceté. Sam l'a fait dans le premier scénario. Mais pour qu'il y ait intimidation, l'abus doit se produire régulièrement et pour les mêmes raisons, ce qui résulte en l'affaiblissement constant de l'estime de soi de l'enfant. C'était la troisième fois en une semaine que Kevin harcelait Alex pour la même raison. Comme c'est le cas chez les cibles d'intimidation, chaque fois qu'il subissait un abus, Alex se sentait un peu plus humilié que la fois précédente.

2. **Il doit y avoir un *déséquilibre de force* entre l'enfant qui intimide et la cible.** L'enfant qui intimide est plus fort physiquement, verbalement ou socialement, ce qui donne à la cible l'impression d'être dépassée et incapable de répondre à l'abus. Il est important de comprendre que le déséquilibre n'est pas nécessairement dans la taille. Parfois, un enfant plus petit peut humilier et déprécier un enfant plus grand parce que la cible ne possède pas les habiletés verbales pour

répondre avec confiance. Même si Alex est plus grand que la plupart des enfants de sa classe, il a été facilement humilié par Kevin qui a touché un point faible quand il a traité Alex de poule mouillée, et Alex ne savait pas quoi lui répondre. Le fait d'avoir peu ou moins d'enfants populaires pour amis et une faible confiance en soi peut aussi entraîner un déséquilibre dans le pouvoir social entre deux enfants.

3. **Il doit y avoir *une différence entre les émotions ressenties* par l'enfant intimidateur et par celui qui est la cible, par suite d'un incident d'intimidation.** L'enfant intimidateur peut se sentir excité, puissant ou amusé après l'incident, alors que la cible ressent la peur, la gêne ou la souffrance. Il n'y avait pas de différence entre les émotions ressenties par Sam et Kevin. Ils étaient tous deux en colère. Cependant, alors que Kevin riait et trouvait ça drôle, Alex se sentait penaud et avait peur, ce qui l'a amené à s'éloigner, humilié, à l'autre bout du terrain de jeu. Les cibles éprouvent souvent de la souffrance et de la colère quand elles sont attaquées par des enfants qui intimident. Si ces jeunes essaient d'exprimer ce qu'ils ressentent, l'enfant qui intimide répond habituellement par l'indifférence ou la moquerie, ce qui crée encore plus d'humiliation.

L'intimidation couvre un large inventaire de comportements qui peuvent être classés en trois grandes catégories : intimidation physique, verbale et relationnelle.

L'intimidation physique

Quand j'interroge des enfants du primaire ou du secondaire sur leur définition de l'intimidation, ils me donnent d'abord, presque sans exception, des exemples d'intimidation physique. Les formes les plus communes d'intimidation physique dans les premières années du primaire sont les coups de pied, les poussées, la bousculade, les coups, les crachats, tirer les cheveux, mordre, et enfermer un enfant dans un espace clos. Quand les enfants atteignent les années plus avancées du primaire, le secondaire et le collège, l'intimidation physique peut devenir plus violente et plus orientée vers le sexe. Les humiliations, comme les « swirlies » (tenir la tête d'une personne dans la cuvette de la toilette et tirer la chaîne), les « wedgies » (tirer les sous-vêtements d'une personne) et le déculottage, sont plus fréquentes. Des attouchements sexuels non consentis sont plus communs chez les filles, particulièrement celles qui se développent plus rapidement que leurs pairs et que les garçons trouvent plus attirantes. À mesure que les garçons se développent physiquement, leur masse musculaire et leur force augmentent. Conséquemment, l'intimidation physique devient de plus en plus intense. L'intimidation devient dangereuse quand les enfants plus âgés donnent une dimension de haine idéologique à leur intimidation, comme dans le dénigrement systématique des gais et dans des groupes racistes. À l'occasion, les enfants qui intimident utiliseront des armes à feu ou autres, qui sont devenues des menaces de plus en plus fréquentes dans les écoles.

L'intimidation physique est la forme d'abus des pairs la plus facile à identifier. Il est facile de voir quand une personne est victime d'agression. C'est aussi la forme d'intimidation la plus reconnue par la plupart des gens. Même si plusieurs personnes dans notre société ont tendance à diminuer l'importance de l'abus émotionnel, la plupart d'entre nous reconnaissent que l'abus physique est inacceptable.

L'intimidation verbale

Celui qui a dit « Les coups de bâton peuvent te blesser, mais jamais les mots » n'a probablement jamais été la cible d'intimidation verbale. C'est mentir que de dire aux enfants que les mots ne peuvent les blesser. Aucun de nous n'apprécie entendre des paroles blessantes. Les menaces verbales, les jurons, les railleries et les injures, et les blagues cruelles sur les vêtements ou autres possessions, sur l'apparence, les handicaps, la race ou l'origine ethnique, la religion ou les tics, sont toutes des formes d'intimidation verbale. Les enfants sont encore plus sensibles que les adultes à l'intimidation verbale car ils n'ont pas encore totalement développé un sentiment ferme de leur identité. Les commentaires des pairs jouent un rôle important dans l'établissement de l'identité du moi, selon la psychologue du développement Lesa Rae Vartanian, qui dit que « les paroles des autres apportent de l'eau au moulin de l'identité »[1]. Les enfants écoutent leurs pairs et ce qu'ils entendent est important pour eux. Les enfants sont en plein développement et les paroles de leurs pairs leur disent non seulement ce que les autres pensent d'eux, mais aussi ce qu'ils devraient être et deviendront. Une fille à qui on dit constamment qu'elle est obèse et laide en deuxième secondaire non seulement ne se présentera pas aux auditions pour les pièces de l'école, même si jouer sur scène est un de ses rêves, mais pourra devenir anorexique en tentant de prouver à ses détracteurs qu'ils ont tort. Un enfant qu'on a traité de femmelette en cinquième année pourrait non seulement ne pas se présenter au camp de basketball, mais pourrait essayer les drogues au secondaire comme une façon de s'intégrer quelque part, puisqu'il ne peut s'identifier aux sportifs.

L'intimidation verbale est la forme la plus répandue d'intimidation entre garçons et filles du primaire jusqu'au collège. Une des différences entre les élèves de troisième année au primaire et ceux de la fin du secondaire est le niveau de sophistication de leur discours. Alors qu'un élève de troisième année traitera quelqu'un d'« abruti », l'étudiant du secondaire pourra dire ironiquement : « Regardez. Voici Roberto. Il est "déficient intellectuel", vous savez. »

L'abus tend à devenir plus sérieux à mesure que les enfants vieillissent et, au secondaire, il peut être brutal. Quand je demande aux élèves du secondaire ce qui les agace le plus dans le fait de fréquenter l'école, leurs réponses sont facilement prévisibles :

- « Les autres sont tellement cruels. Les filles à notre école sont ou bien des putains si elles ont un petit ami, ou des lesbiennes si elles n'en ont pas. »

- « Je hais l'éducation physique, parce qu'on me dit chaque jour que j'ai un gros cul. »
- « L'école est terrible pour certains. Parfois je pleure en pensant à une amie qu'on insulte pour la simple raison qu'elle a des boutons. Ce n'est pas sa faute. »

Les gens qui font de l'intimidation verbale s'en tirent mieux que ceux qui font de l'intimidation physique. De toutes les formes d'intimidation, l'abus verbal des pairs est celui qui demande le moins de temps et qui peut être le plus subtil. Parfois, il échappe à l'attention des professeurs et autres adultes présents. Certaines personnes qualifient de taquinerie l'abus verbal. Mais l'expression « taquinerie » s'applique seulement dans le cas de jeu, où tout le monde s'amuse sans intention de blesser les sentiments de l'autre. Lorsqu'un enfant est l'objet d'abus verbal, il est important de qualifier l'abus d'intimidation, car ce mot attribue un sens sérieux au comportement de l'instigateur et aux témoins, et confirme l'agression faite envers l'enfant qui en est la cible.

L'intimidation verbale n'est pas bénigne, amusante, drôle ou intelligente. L'intimidation verbale est une forme puissante et dommageable d'abus émotionnel qui peut affecter négativement une personne pendant toute sa vie.

L'intimidation relationnelle

Les humains ont probablement de tout temps ostracisé, ou exclu, ceux et celles qui ne semblaient pas s'intégrer. L'exclusion formelle, comme nous la voyons dans les groupes religieux ou dans les organisations syndicales, est habituellement perçue par ses auteurs comme ayant un but sociétal – unifier un groupe ou renforcer les valeurs partagées par le groupe. Le mot *ostraciser* vient du grec ancien *ostraca*, « morceau de terre cuite sur lequel les Grecs écrivaient le nom de celui qu'ils voulaient bannir ». Certains groupes religieux, comme les Amish de l'ordre ancien, pratiquent l'exclusion officielle quand un membre de la communauté enfreint une règle inviolable. Dès ce moment, personne dans la communauté, même pas les membres de sa famille, n'a le droit de lui adresser la parole ou de reconnaître sa présence de quelque façon que ce soit. C'est comme si cette personne n'existait pas. Notre système pénitentiaire est une forme d'exclusion. Nous isolons ceux qui transgressent les règles inviolables pour éviter qu'ils soient en contact avec le reste de la société. Même si ce n'est pas toujours juste, et loin de la solution idéale, le rejet formel indique clairement que certains comportements antisociaux, qui déstabilisent sérieusement l'équilibre d'une société, ne seront pas tolérés.

Contrairement au rejet formel qui est toléré par une société comme moyen de réduire les comportements antisociaux et, par conséquent, améliorer la qualité de la vie, l'exclusion chez les jeunes est arbitrairement cruelle. Une jeune personne peut être exclue pour son apparence, ses agissements ou ses idées. Ce genre de rejet ne prévient pas le comportement antisocial, *c'est* un comportement antisocial. C'est une forme d'intimidation relationnelle. L'exclusion établit clairement qui fait partie d'une culture et qui n'en fait pas partie, et punit ceux et celles qui ne répondent pas aux critères d'appartenance en les traitant comme s'ils n'avaient aucune importance. Ce genre d'abus des pairs se retrouve le plus souvent chez les filles à l'âge de la puberté. Parfois l'intimidation relationnelle débute avec une querelle ou un désaccord entre deux élèves et les spectateurs embarquent dans le jeu de « Soyons cruels envers Sara, aujourd'hui ». D'autres éviteront de regarder dans les yeux un enfant exclu ou peuvent ne pas répondre quand l'enfant rejeté leur adresse la parole. Lorsque l'exclusion se produit dans le cadre de l'école, particulièrement au début de l'adolescence, l'effet sur l'estime de soi de l'enfant peut être particulièrement dommageable. À cet âge, au moment où les adolescents commencent à prendre leurs distances de la famille et à se créer une identité dans leur groupe social, ils doivent se sentir libres d'explorer leur identité sans se faire juger. Il peut être insupportable d'être rejeté et isolé au moment où l'acceptation des pairs est la chose la plus importante. Il peut en résulter des problèmes psychiatriques, dont la dépression et une dépendance à l'alcool ou à d'autres drogues, pour échapper à une impression d'aliénation.

Le commérage, une autre forme d'intimidation relationnelle, peut se manifester par la diffusion de mensonges malveillants ou de rumeurs, ou encore par l'apparition de commentaires méchants sur les murs des endroits publics comme les toilettes, les vestiaires ou sur les babillards. Au premier abord, le commérage pourrait sembler être de l'intimidation verbale, mais il en diffère de façon importante. Dans le cas d'intimidation verbale, les paroles blessantes sont dirigées directement vers la cible. Dans le cas du commérage, on vise indirectement, mais les effets sont tout aussi dommageables. La cible du commérage subit les effets de l'aliénation et de l'exclusion, mais pourrait ne pas en comprendre la raison parce qu'elle n'a même pas entendu les injures.

L'intimidation relationnelle se nourrit dans un climat qui sépare et classe les jeunes en cliques. Les cliques ont toujours fait partie de la culture des écoles secondaires. Les cliques donnent aux jeunes l'occasion d'appartenir, de se sentir acceptés et de faire partie d'un groupe spécial. Les populaires, les sportifs, les « bolés », les normaux, les isolés et les drogués sont des cliques qui sont habituellement assez bien définies au niveau secondaire. D'autres écoles compteront peut-être des cliques comme les suiveurs (ceux qui voudraient faire partie d'une bande), les Goths (qui partagent une fascination pour le nihilisme, l'anarchie, et parfois le satanisme), les cliques de surfeurs, les cliques ethniques ou les cliques suprémacistes. Une forme particulièrement dangereuse de clique est le gang de jeunes criminalisés. Il fut une époque où les gangs étaient un phénomène urbain, mais on assiste de plus en plus à l'émergence de gangs dans les banlieues et dans les campagnes.

Certaines cliques semblent faire la promotion de valeurs positives, comme l'athlétisme ou les études, alors qu'il est évident que d'autres ne le font pas. Le véritable problème des cliques est que, pour en faire partie, un enfant doit penser ou se comporter d'une certaine façon. Les jeunes qui sont considérés comme des exclus ou qui ne font pas partie des cliques populaires sont souvent l'objet d'intimidation relationnelle cruelle et incessante, et ils risquent de se tourner vers des cliques qui endossent des comportements malsains ou dangereux. Plus particulièrement dans les dernières années du secondaire, des tensions peuvent se manifester entre cliques représentant des valeurs sociales opposées – par exemple, entre les sportifs et les Goths.

L'intimidation et l'humour

Dans sa forme la plus insidieuse, l'intimidation implique une forme cruelle d'humour. Lorsque les enfants associent humour et violence dans une situation d'intimidation, ils sont plus susceptibles d'être moins sensibles à la souffrance de l'autre. Tout comme une personne ne peut ressentir à la fois de la colère et des émotions réconfortantes, il n'est pas possible de ressentir à la fois de l'humour cruel et de l'empathie envers une autre personne. Si un enfant trouve une situation d'intimidation drôle – par exemple rire quand quelqu'un appelle un compagnon de classe « Gros lard » ou quand on plonge la tête d'une fille dans une cuvette de toilette – c'est comme si l'enfant regardait un film pour s'amuser plutôt que de voir un être humain vivant et sensible qui souffre. La désensibilisation qui fait que les spectateurs sont de moins en moins affectés par l'abus des pairs rend plus probable la répétition du même abus. Leurs rires renforcent l'impression chez l'initiateur qu'il n'y a rien de répréhensible dans son comportement. Évidemment, la cible souffre aussi beaucoup. Quand les autres n'interviennent pas et rient, la souffrance de l'enfant devient une farce, et il ou elle perd confiance dans la compassion des autres. La cible finit par croire que personne ne se soucie de son triste sort.

Le comportement d'intimidation inquiète la plupart des adultes et, pourtant, trop d'entre nous tolèrent l'abus des pairs – tant chez les enfants que chez les adultes. Tant que l'abus sera toléré, il persistera. Nous ne devrions pas nous surprendre du fait que l'abus des pairs se produit si souvent là où il y a des enfants. L'intimidation est un problème chez les enfants parce que c'est un problème de notre société dans son ensemble. Pour réduire ou éliminer l'abus des pairs, nous devons régler les causes sous-jacentes qui fournissent le fondement sociétal qui encourage les comportements antisociaux. Nous devons comprendre comment nous, les adultes, pouvons aider à briser le cycle de l'abus.

Chapitre 2

Attitudes sociétales face à l'intimidation

Tout enfant, et tout adulte, mérite d'être traité avec respect. Pourtant, chaque jour, nos enfants absorbent des attitudes sociétales qui non seulement diminuent ou nient la violence, mais parfois même l'acceptent. Pour savoir où les jeunes apprennent à être cruels les uns envers les autres, il n'est pas nécessaire de regarder plus loin que les manchettes des journaux, les films ou la télévision. Notre société est violente.

Aux États-Unis, un tiers des morts par blessures sont attribuables à des blessures intentionnelles[1]. En 1997, les armes à feu représentaient la troisième plus importante cause de décès chez les enfants entre 10 et 14 ans, et la deuxième pour les décès entre les âges de 15 et 24 ans[2]. Cette même année, le nombre de décès causés par des armes à feu chez les enfants de quatorze ans et moins aux États-Unis était près de douze fois plus important que le taux combiné de vingt-cinq autres pays industrialisés[3].

Malgré ce nombre étonnamment élevé de morts violentes, la plupart des adultes ont horreur de la violence qui hante notre tissu social, mais ils sont devenus insensibles. Il nous en faut beaucoup pour nous choquer aujourd'hui alors que plusieurs d'entre nous ne remarquent que les actes de la plus extrême violence, comme les fusillades dans les écoles, ou la torture qui vient de l'intolérance raciale ou sexuelle. Notre attention n'est retenue que pendant quelques courtes semaines jusqu'à ce que *le cirque des médias* prenne fin.

Nous avons appris à ne pas prêter attention à la violence, mais ce n'est pas en l'ignorant que nous la ferons cesser. Les choses empireront tant que nous ne nous attaquerons pas aux causes profondes. Une de ces causes, sinon *la cause principale*, est notre minimisation de l'intimidation. Tant qu'on ricanera du manque de respect, qu'on l'ignorera, et qu'on continuera à tolérer les comportements intimidateurs, il nous sera impossible de créer un milieu meilleur, plus compatissant dans nos écoles et nos quartiers. L'absence d'un milieu compatissant nous mènera à son tour à une plus grande fréquence d'abus des pairs chez les enfants qui ne comprennent pas les conséquences graves de leur comportement violent.

La banalisation de l'intimidation

La forme la plus courante de violence vécue par les enfants est l'intimidation, et c'est surtout à l'école qu'elle se produit. La façon la plus efficace d'exercer un effet dissuasif contre l'intimidation est l'intervention des adultes. Pourtant, trop d'adultes, incluant certains éducateurs, croient que l'intimidation n'est pas une question sérieuse. Nous ne prenons pas assez souvent la défense des enfants qui sont intimidés, alors que nous nous porterions sans doute à la défense d'un adulte qui se plaindrait du comportement d'un collègue de travail ou d'un conjoint. La plupart des adultes veulent que cesse l'intimidation, mais même les adultes bienveillants minimisent souvent les plaintes d'intimidation, les traitant de réaction exagérée. Parfois, ils se moquent des cibles de l'intimidation, disant qu'elles font des histoires ou qu'elles ne savent pas se défendre. Quand on leur demande si les enseignants interviennent souvent dans les situations d'intimidation, les étudiants interrogés dans le cadre d'une étude ont répondu que les enseignants interviennent une fois sur quatre. Quand on pose la même question aux enseignants, ceux-ci disent intervenir dans 71 pour cent des cas[4]. Il est tragique de constater que plusieurs élèves ont l'impression que ni leurs parents ni les adultes à l'école ne les écouteraient ou les prendraient au sérieux s'ils avaient un problème d'intimidation[5]. Les opinions erronées sur l'intimidation et comment on devrait y réagir sont légion. Pour reconnaître que l'intimidation est un problème grave, nous devons d'abord dissiper ces mythes.

Les mythes à propos de l'intimidation

Mythe 1. L'intimidation est toujours physique

Quand je demande à des jeunes de me définir l'intimidation, leur première réponse est presque toujours la même : les batailles, les coups, les coups de pied et la bousculade. Comme la plupart des adultes, ces enfants croient, à tort, que toute intimidation doit nécessairement impliquer une confrontation physique, alors qu'en réalité l'abus verbal par des pairs est beaucoup plus fréquent que l'abus physique. La forme la plus courante d'intimidation est l'insulte. À mesure que les enfants atteignent les dernières années du cours primaire et entrent au secondaire, l'intimidation relationnelle devient plus fréquente, particulièrement chez les filles. Peu de gens considèrent l'intimidation verbale ou relationnelle comme de l'abus. À mon avis, cela tient du fait que notre société ferme les yeux sur l'abus psychologique. Les animateurs des *talk-shows* les plus populaires construisent leur réputation sur leur habileté à formuler des remarques humiliantes et grossières, et les émissions de télé comme les films capitalisent sur les blagues insultantes pour déclencher les rires. Reconnaître toutes les formes d'intimidation comme de l'abus contribuerait à éliminer l'ambiguïté qui permet qu'on fasse souffrir nos enfants.

Mythe 2. L'intimidation n'est qu'un jeu

Toby, un élève de cinquième année, était obèse. Depuis deux ans, il était la cible d'un petit groupe de garçons. Un jour, alors que le professeur d'éducation physique s'était absenté quelques instants, il a vu à son retour Toby en haut de la corde à grimper, 6 mètres au-dessus du sol, et ces mêmes trois garçons qui criaient : « Hé! Gros lard, ramène ton gros cul en bas. » Un petit groupe de spectateurs regardait en riant, alors que la plus grande partie de la classe se tenait en retrait, faisant semblant de ne rien voir. Toby avait grimpé tout au haut de la corde parce qu'on le menaçait de le déculotter et de l'envoyer ainsi dans le corridor. Quand le directeur a demandé aux trois auteurs du coup d'expliquer leur comportement, un d'eux a dit qu'ils ne faisaient que s'amuser et qu'ils n'avaient aucune autre intention.

Nous ne devrions pas permettre à quelqu'un de s'en tirer en invoquant les vieilles excuses : « C'était pour rigoler » ou « C'était juste pour nous amuser ». Il est certain que le jeu est nécessaire pour apprendre aux enfants à fonctionner en société. On apprend la collaboration, le partage, le respect mutuel et la réciprocité par le jeu, et les taquineries peuvent être une façon pour les amis ou la fratrie de se témoigner leur affection, une manière de dire : « Quand je suis avec toi, je peux relaxer et je n'ai pas à me prendre autant au sérieux. » Mais blesser quelqu'un, psychologiquement ou physiquement, n'est jamais drôle et devrait toujours être pris avec sérieux.

Mythe 3. L'intimidation fait partie des conflits entre pairs

Après que Jennifer – une fille populaire de quatrième année – eut appelé une nouvelle étudiante

« négro » et lui eut craché dessus, le conseiller de l'école convoqua la mère de Jennifer à son bureau. Le langage et le comportement raciste de Jennifer violaient la politique « tolérance zéro » de l'école en matière d'intimidation. Confrontée à cette information, la mère de Jennifer a souri doucement et a répondu : « J'ai déjà parlé de cela avec Jennifer, à plusieurs occasions. Mais, vous savez », a-t-elle poursuivi avec un soupir exaspéré, « il est impossible d'empêcher cela… Les enfants seront toujours des enfants. »

Les conflits et même les agressions sont des aspects inévitables de toute relation sociale significative entre enfants, et apprendre à régler des conflits est une aptitude sociale que les enfants doivent acquérir en vieillissant. Apprendre à faire des compromis n'est pas facile. L'égocentrisme normal chez les jeunes empêche la résolution des problèmes dans le respect. Il est normal pour les très jeunes enfants d'avoir une vision nombriliste du monde. Tout comme les humains ont déjà cru que le Soleil tournait autour de la Terre, les jeunes enfants croient qu'ils sont le centre du monde. Dans leur apprentissage des valeurs de coopération, d'empathie et de compromis, ils connaîtront des conflits. Au cours de leurs premières années à l'école (de la maternelle à la deuxième année), les enfants ne pensent pas toujours aux autres. Ils jouent et ils choisissent leurs amis en fonction d'obtenir ce qu'ils veulent. Quand ce besoin n'est pas satisfait, la réponse fréquente est le rejet de l'autre enfant.

Dans un environnement familial et scolaire sain et stable, l'enfant grandit et quitte cet égocentrisme enfantin, devient conscient et apprend à valoriser les besoins des autres. Nous sommes tous interreliés, et plus les enfants sont conscients de ces liens, plus ils deviennent socialisés. Les jeux qui comportent des règles prennent de l'importance et l'idée de compromis commence à faire son chemin. L'équité devient un élément important de dispute et, lorsque les règles sont violées, les conflits s'ensuivent.

Mais l'enfant qui intimide n'est pas intéressé aux compromis. Cet enfant choisit et tourmente quelqu'un qui est faible soit physiquement, intellectuellement ou socialement, et en retire une impression de supériorité et de droit. Contrairement à l'enfant qui rejette un pair par égoïsme, l'enfant qui intimide rejette l'autre enfant parce qu'il se croit *meilleur* que l'autre et, conséquemment, a le *droit* de l'intimider.

Puisque les enfants qui intimident n'ont pas développé une habileté normale à socialiser, le dicton « Les enfants seront toujours des enfants » n'est pas approprié quand on l'applique à leur comportement abusif. Cette rationalisation dangereuse de leur cruauté permet à l'intimidation de se poursuivre sous des dehors de normalité. Normaliser le comportement abusif donne presque l'assurance qu'il se poursuivra. Nous devons rendre les enfants responsables de leur comportement intimidateur, même à un jeune âge, pour qu'ils apprennent que c'est inacceptable.

Mythe 4. L'intimidation est une affaire de garçons

Pour bien des adultes, l'image qu'ils ont d'un enfant qui intimide est celle d'un garçon. Les garçons ont tendance à être plus physiques que les filles, ce qui les rend souvent plus visibles à l'école et dans le voisinage. Les garçons sont également plus disposés à admettre qu'ils se livrent à l'intimidation, et ils en sont même fiers, particulièrement à l'élémentaire et au début du secondaire. Pourtant, les filles aussi intimident, et elles peuvent être tout aussi cruelles que les garçons. Bien que les filles soient moins portées à faire de l'intimidation physique que les garçons, elles sont tout aussi sujettes que ces derniers à faire de l'intimidation verbale, et plus susceptibles que les garçons de faire de l'intimidation relationnelle, particulièrement le commérage et l'exclusion.

Il existe aussi de l'intimidation entre les sexes. Les garçons peuvent intimider les filles et l'inverse est aussi vrai. La plupart des cas d'intimidation entre les sexes relèvent du harcèlement sexuel, même en bas âge. Le harcèlement sexuel est un comportement à caractère sexuel verbal, non verbal ou physique non désiré. Voici quelques exemples :

- Une fille de première année se moquera d'un autre élève de sa classe parce qu'il est un garçon mais lance « comme une fille ».
- Un garçon de quatrième année traitera une fille de sa classe de « pute ».
- Une fille de première secondaire parle des garçons qu'elle préfère avec ses amies. Un garçon

de sa classe passe devant elles et une des filles, le pointant du doigt en riant, dit : « Et lui? » Une autre fille répond : « Pas question! » Les filles rigolent toutes.

- Une fille de cinquième année est humiliée par deux garçons en classe. Ceux-ci lui jettent des regards de convoitise et lui disent souvent qu'ils aimeraient faire l'amour avec elle.

Mythe 5. Intimider ou se faire intimider ne laisse pas de traces

On a banalisé l'abus des pairs à un point tel que la plupart des adultes croient sincèrement qu'il n'affecte pas la personnalité en développement des enfants de façon grave ou à long terme. Nous considérons souvent que l'abus des pairs n'est qu'une étape du développement des enfants et qu'il disparaîtra avec l'âge.

Les enfants en viennent à se défaire par eux-mêmes de certains comportements et attitudes, mais le modèle dysfonctionnel d'intimidation comme tel ne fait pas partie de ceux-là. Les comportements d'intimidation ont tendance à avoir des conséquences la vie durant s'ils ne sont pas corrigés dès les premières années. Les adultes antisociaux étaient généralement des enfants antisociaux. Il est dangereux, en tant que société, de considérer l'intimidation comme une étape que les enfants passeront. Nos prisons sont remplies d'adultes qui intimidaient lorsqu'ils étaient enfants.

Les enfants n'abandonnent pas l'intimidation par eux-mêmes. Nous pouvons cependant les *aider* à vaincre leurs problèmes d'intimidation. L'intimidation est un comportement acquis. C'est la bonne nouvelle, car tout comportement acquis peut être modifié. Cependant, à moins que les comportements abusifs ne soient reconnus, l'enfant qui initie l'intimidation au terrain de jeu aujourd'hui pourrait devenir le batteur de femmes, le traître de l'entreprise, l'abuseur d'enfants ou le voisin raciste de demain.

De même, les cibles de l'abus des pairs pendant l'enfance ne se débarrassent pas facilement des effets de l'intimidation. Je peux affirmer sans exagérer qu'un quart de mes clients qui donnent des signes de dépression ou d'anxiété, de problèmes avec leur apparence physique, de dépendances ou de problèmes relationnels disent qu'ils ont eu une enfance misérable à cause de l'intimidation, et ils associent leurs problèmes actuels aux traumatismes de leur enfance.

Mythe 6. Le comportement intimidateur ne se retrouve que chez les enfants

Trop souvent, nous considérons l'intimidation comme un comportement qui ne se retrouve que chez les enfants. Nous ignorons le fait que certains adultes considèrent comme un droit l'utilisation de leur pouvoir pour contrôler les autres physiquement, verbalement ou socialement – ou en d'autres termes, intimider, eux aussi. Nous qualifions habituellement ce comportement chez les adultes de manque de politesse ou de délicatesse plutôt que d'intimidation.

Pourtant, l'intimidation chez les enfants existe parce qu'il y a de l'intimidation chez les adultes. C'est aussi simple que cela. Les enfants apprennent l'intimidation de leurs modèles adultes. Ces modèles sont les parents, les enseignants, les vedettes du sport ou des médias, ou tout autre adulte qui a de l'influence sur la vie des enfants. Un homme ou une femme qui bat un conjoint ou un partenaire, ou une vedette de hockey qui assène un coup de bâton délibéré à un adversaire est un modèle d'intimidation physique. Mais, comme chez les enfants, l'abus physique n'est pas la forme la plus fréquente d'intimidation entre adultes. Plusieurs adultes ont des préjugés et ils apprennent aux enfants à croire qu'ils sont supérieurs à ceux qui ne sont pas du même milieu socioéconomique, de la même race ou ethnie, ou de la même religion. Dans certains cercles d'adultes, l'intimidation est très répandue et devient acceptable quand on la camoufle en humour, sous la forme de blagues préjudiciables.

Mythe 7. Être victime d'intimidation nous endurcit

Les résultats troublants d'une étude sur les élèves du primaire publiée en 1994 indiquaient qu'une grande majorité des répondants non seulement croient que les cibles de l'intimidation « ont couru après » en étant trop passives, en ne répliquant pas ou en agissant différemment, mais croient également que l'intimidation « endurcit » une personne faible[6]. S'endurcir est considéré semblable à un renforcement positif de l'image de soi et sert à apprendre à faire face aux difficultés de la vie. Cependant, contrairement à cette croyance très répandue tant chez les enfants que chez les adultes, l'intimidation n'endurcit personne. L'intimidation ne contribue pas plus à renforcer l'image de soi chez un enfant que l'agression ne le ferait chez un adulte. En réalité, l'intimidation sous toutes ses formes produit des résultats contraires. Les cibles d'intimidation chronique ont plus tendance à la dépression et à avoir une moins grande estime de soi que les enfants qui n'ont pas été la cible d'intimidation. Les cibles ont aussi tendance à être plus craintives et plus anxieuses. À moins d'apprendre les habiletés appropriées pour s'affirmer, l'enfant intimidé perd lentement toute capacité de se défendre.

Mythe 8. L'intimidation est un rite de passage

Intimider ou être intimidé – particulièrement chez les adolescents – est souvent perçu comme un test pour vérifier si on est prêt à affronter les difficultés de la vie. L'erreur réside dans la croyance que, si une jeune personne peut supporter l'intimidation – ou peut intimider quelqu'un d'autre – il ou elle peut passer à l'étape importante suivante.

Au cours de l'histoire, la plupart des cultures ont imposé aux adolescents une forme de rite de passage pour marquer la transition entre l'enfance et l'âge adulte. Un rite de passage, une cérémonie ou un rituel qui marque l'accès à la prochaine phase de la vie, aide l'adolescent à assumer l'identité d'un jeune homme ou d'une jeune femme. Nous avons retenu certains rites de passage associés à la religion, mais trop souvent, ils sont devenus accessoires à l'acquisition de l'identité de soi d'un jeune. Pour certains, le diplôme du secondaire ou du collégial, le mariage, ou la naissance du premier enfant marque l'entrée dans l'âge adulte. Cependant, puisque notre société au rythme effréné n'encourage pas ces transitions, ces grandes expériences de vie ont perdu leur signification d'antan. La société n'encourage pas suffisamment ces rites de passage et, tristement, les jeunes semblent accepter tacitement que l'intimidation réponde à ce besoin. Un des exemples les plus frappants de l'universalité de ce mythe est la pratique très répandue de l'initiation. Les jeunes qui souhaitent être acceptés dans les rangs de certaines unités militaires, ou de fraternités de collèges ou d'universités, ou dans des organisations sportives, acceptent d'être intimidés. On leur dit qu'ils doivent poser des gestes humiliants et moralement dégradants, ou des actes physiquement dangereux, comme consommer des quantités parfois létales ou presque létales d'alcool. Cependant, l'intimidation ne fait rien pour faciliter le passage d'une jeune personne vers l'âge adulte; ainsi, les activités caractérisées par un comportement d'intimidation ne sont aucunement des rites de passage.

Mythe 9. L'intimidation n'est un problème que pour la cible

Josh, élève de cinquième année, petit et pas athlétique du tout, a été coincé dans la cour de récréation avant l'école par un groupe d'élèves de cinquième et de sixième année. Ils l'ont jeté par terre et un des garçons lui a donné des coups de pied alors qu'un autre dispersait ses livres. Un attroupement s'est formé et on entendait résonner des cris de « pédale » et « femmelette ». Quelques garçons regardaient sans mot dire et n'ont pas participé à l'intimidation. Quand un enseignant a entendu la cohue et est accouru pour disperser l'attroupement, il a ordonné aux jeunes de s'éloigner. Comme il était difficile d'identifier ceux qui avaient commis de l'intimidation verbale, seuls ceux qui avaient fait de l'intimidation physique se sont fait dire qu'ils devraient expliquer leur comportement au directeur et que leurs parents seraient avertis. En vertu de la politique en vigueur à l'école, les garçons ont été expulsés pendant trois jours. Josh a parlé au directeur et a été par la suite référé au conseiller de l'école qui, après avoir passé une demi-heure avec lui, a prévu des rencontres régulières deux fois par semaine pour aider Josh avec son estime de soi.

En aidant Josh avec son estime de soi, le personnel de l'école croyait avoir résolu le problème, mais ce n'était pas le cas. Les intervenants avaient négligé de s'occuper des besoins émotionnels des autres enfants impliqués dans l'incident. Dans ce cas, comme dans plusieurs cas d'intimidation, l'attention s'est tournée vers l'aide à donner à la cible de l'intimidation. Mais il faut également accorder de l'attention aux autres victimes de l'intimidation – les spectateurs et les instigateurs.

Dans la moyenne des écoles, 60 pour cent des élèves ne sont pas impliqués directement dans les incidents d'intimidation en tant que cible chronique ou instigateurs, mais sont des spectateurs témoins de l'intimidation[7]. Les adultes ignorent habituellement les témoins, qui sont eux aussi profondément affectés. Les spectateurs disent souvent qu'ils aimeraient intervenir, mais ils ne savent pas comment et craignent d'être attaqués, eux aussi. Même s'ils ne sont pas intervenus directement, ils ont l'impression d'avoir participé à cet abus et se sentent coupables de ne pas être intervenus. Cette culpabilité et cette confusion peuvent affecter négativement leur estime de soi et les spectateurs peuvent parfois se sentir victimes. Rester passif devant un abus contre une personne peut aussi mener à la banalisation et à un sentiment d'impuissance, rendant encore plus improbable une intervention de l'observateur lors de futures situations d'intimidation. Malheureusement, un autre effet négatif chez les témoins d'intimidation est qu'ils ont tendance à devenir intimidateurs à leur tour. Pour contrer ces effets négatifs, les adultes doivent encourager les témoins à dénoncer l'intimidation, à faire ce qu'ils peuvent pour protéger leurs pairs qui ont de la difficulté à se défendre, et à rapporter les cas d'abus des pairs aux autorités de l'école quand les mesures préventives restent sans effet.

Dans la plupart des cas, les besoins des enfants qui intimident sont aussi ignorés. Les instigateurs sont habituellement punis pour leur mauvais comportement, mais rarement obtiennent-ils l'aide émotionnelle dont ils ont besoin pour changer leur attitude de supériorité et l'impression qu'ils sont dans leur droit. Comme résultat, les enfants qui intimident vivent des problèmes à long terme. Ils sont plus susceptibles de décrocher de l'école secondaire. Adultes, ils risquent plus d'avoir des relations dysfonctionnelles, de violenter leurs propres enfants et de finir en prison.

Que pouvons-nous faire?

La violence se produit quand les gens admettent, activement ou passivement, l'intolérance. Nous devons regarder comment nous perpétuons ces mythes sur l'intimidation. C'est la responsabilité des adultes de créer un monde dans lequel les enfants apprennent les valeurs d'empathie, de paix et d'acceptation en rejetant activement les mythes entourant l'intimidation.

Ensuite, nous examinerons quelques idées pratiques pour confronter les attitudes sociétales qui soutiennent l'intimidation. Voilà les grandes lignes de ce que nous pouvons faire pour aider nos enfants. Dans les chapitres qui suivent, vous trouverez des suggestions détaillées et des conseils pour aider vos enfants.

Engagez-vous personnellement à créer un monde sans violence

Trop souvent, nous n'admettons pas que nous pouvons être violents. Quand nous tolérons la violence, nous en devenons complices, sinon des participants actifs. Nous blâmons les autres pour la violence dans le monde, transférant ainsi à quelqu'un d'autre la responsabilité d'apporter des changements. Nous savons que l'abus des pairs au cours de l'enfance peut avoir des effets chez les cibles comme chez les instigateurs jusqu'à l'âge adulte, que les adultes sont responsables d'être des modèles pour la plus grande partie de l'intimidation que nous voyons chez les enfants, et que l'intimidation affecte non seulement les cibles, mais aussi les spectateurs, les instigateurs et la société en général. En combattant ces mythes, nous nous donnons le pouvoir de créer une culture qui fait moins de place à la violence.

Lors d'une conférence portant sur le combat de la violence dans les écoles par la conciliation, à laquelle participait Dr Arun Gandhi, petit-fils du Mahatma Gandhi, un participant fit remarquer que Gandhi prêchait aux convertis, que cet auditoire d'éducateurs, de thérapeutes et d'aidants professionnels n'avaient plus besoin d'entendre parler de la valeur de la non-violence ou de se faire dire de devenir des non-violents *eux-mêmes*. Ce qu'ils devaient entendre est comment aider les *autres – les fauteurs de trouble* – à apprendre les vertus de la non-violence. Dr Gandhi a souligné que cette attitude très répandue fait partie du problème. C'est en tentant de devenir nous-mêmes des personnes plus pacifiques que nous créerons un monde plus pacifique. Il faut des efforts soutenus pour reconnaître notre propre propension à la violence et nous efforcer diligemment de devenir des gens plus pacifiques. Mais nous devons le faire si nous souhaitons éliminer notre propre contribution involontaire à la violence dans la société. Pour créer un monde plus compatissant, nous devons nous convaincre d'assumer notre part de responsabilité et convaincre les autres d'assumer la leur.

REMETTEZ EN QUESTION VOS STÉRÉOTYPES

Prenez conscience des façons dont vous stéréotypez les gens. Portez attention non seulement à ce que vous dites des autres mais aussi à ce que vous pensez d'eux. Beaucoup de nos stéréotypes ne nous apparaissent pas tant que nous ne faisons pas un effort conscient pour y prêter attention. Quels préjugés entretenons-nous par rapport aux gens des autres races? D'origines ethniques différentes? D'autres religions? Des homosexuels? Des hétérosexuels? Des professionnels? Des cols bleus? Des parents assistés sociaux? En nous questionnant sur la façon dont nous stéréotypons les autres, nous attaquons tous les mythes concernant l'intimidation en choisissant de traiter tous les gens avec dignité.

Soyez honnête avec vous-même face aux stéréotypes et aux suppositions que vous entretenez envers les autres. Demandez-vous pourquoi vous avez ces croyances et appliquez-vous consciemment à les éliminer si elles sont destructives, élitistes ou sectaires. Ne vous permettez pas de les accepter en disant : « J'ai été élevé ainsi. » Plusieurs d'entre nous se sont fait répéter des stéréotypes depuis leur jeunesse et se sont fait enseigner à mépriser les autres pour toutes sortes de raisons aussi irrationnelles qu'injustifiables.

Une des manifestations les plus fréquentes d'exprimer nos stéréotypes est par le biais de blagues intolérantes, racistes, sexistes, sur les personnes âgées, l'homosexualité ou la religion. De telles blagues sont une forme d'intimidation verbale. Quand nous les racontons ou que nous les laissons passer sans protester, l'intimidation est banalisée et le sujet de ces blagues est déshumanisé. Combien de fois nous arrive-t-il d'être mal à l'aise parce que nous savons que nous devrions dire quelque chose à un adulte qui raconte des blagues dénigrantes?

Remettez en question le recours à la discipline physique

Quand nous contestons le recours à la discipline physique, nous reconnaissons que l'intimidation est plus qu'un problème qui regarde les enfants. Il se passe rarement une semaine sans qu'un parent me dise dans mon bureau : « Ce dont la plupart de ces enfants ont besoin est une bonne fessée! » Ils se plaignent que nous perdons le contrôle sur nos enfants parce que trop peu de parents utilisent la discipline physique. Je leur demande de penser à la signification du mot *discipline*, qui a la même racine latine que le mot *disciple*, qui signifie « apprendre ». Si le but de la discipline est d'enseigner, qu'enseignons-nous par les punitions corporelles?

La fessée, les coups ou les claques enseignent aux enfants à craindre l'auteur de la violence, mais, plus inquiétant encore, les punitions violentes enseignent aux enfants à devenir violents eux-mêmes. La principale raison qui fait que nous avons des problèmes avec l'intimidation entre enfants, et avec des adultes qui sont violents, est peut-être que nous permettons aux adultes d'utiliser leur force pour faire du mal aux enfants. Plusieurs études démontrent que, lorsque les enfants sont exposés à des punitions corporelles sévères, ils sont plus enclins à utiliser la violence avec leurs pairs. Les enfants qui subissent la discipline physique ont appris que la façon de réagir à la frustration et aux conflits est de faire usage de violence physique. Les enfants élevés dans une discipline non violente sont plus prévenants et plus enclins à faire preuve d'empathie envers les autres que les enfants élevés dans une discipline physique.

Nous devons œuvrer à changer l'attitude qui permet aux parents de recourir à la discipline physique avec leurs enfants au nom de l'amour. Nous ne pouvons pas nous considérer activement engagés à rejeter les mythes sur l'intimidation tant que nous considérons acceptable l'utilisation par les parents de la violence physique comme manière adéquate d'élever leurs enfants. Nous devons être plus imaginatifs dans notre capacité à régler les problèmes si nous voulons briser le cercle de l'intimidation.

REMETTEZ EN QUESTION LES MÉDIAS TOXIQUES

En reconnaissant la toxicité de l'intolérance et de la violence gratuite dans les médias, nous attaquons activement le mythe selon lequel le comportement intimidateur n'est présent que chez les enfants. Selon Thomas d'Aquin, il y a deux sortes de livres – ceux qui vous aident à trouver Dieu et ceux qui ne le font pas. On pourrait dire la même chose des médias modernes et de leur capacité à nous mener à un monde de non-violence. Dans un monde idéal, les adultes créeraient pour les médias des productions qui feraient l'éloge de la compassion, de l'acceptation et de la paix. Au lieu de cela, les enfants sont constamment exposés à du langage grossier et à des images de violence. Les théoriciens discutent toujours à savoir si les médias ont tendance à *créer* une culture plus violente ou s'ils ne font que *refléter* les tendances violentes qui existent déjà. Je crois qu'ils font un peu des deux.

Nous pouvons considérer la violence et la vulgarité dans les médias comme un symptôme d'un mal social plus profond. Nous devrions être profondément perturbés par une culture dont les médias minimisent ou même déprécient la bonté envers les autres. Dans un magazine, le critique du film *Marie a un je-ne-sais-quoi* (*There's Something about Mary*) s'émerveille et écrit que le film avait un petit côté « mesquin rafraîchissant ». Pourquoi devrions-nous accepter la mesquinerie dans nos films? Nous retrouvons cette même valorisation de la cruauté et de l'intolérance dans bien des émissions de télévision populaires.

Il est parfois nécessaire et utile de montrer des scènes violentes pour raconter une histoire cohérente et socialement valable. Même si des films comme *La liste de Schindler* et *Il faut sauver le soldat Ryan* ne conviennent pas aux enfants qui n'ont pas encore atteint le niveau de développement nécessaire pour en comprendre le message, les enfants plus âgés peuvent apprendre de grandes leçons sur la compassion dans les films qui ne glorifient pas la violence.

Betty Reardon, chercheuse pour la paix, éducatrice et représentante auprès des Nations Unies, décrit la violence comme « une faille de l'imagination »[8]. Cela est encore plus vrai dans les médias. Nous devons apporter des solutions imaginatives aux problèmes sociaux auxquels nous sommes confrontés.

La plupart des adultes américains veulent que les médias soient nettoyés, mais il ne suffit pas de vouloir. Nous devons nous opposer à la méchanceté gratuite, à la cruauté et à l'exploitation sexuelle dans les médias.

Assurez-vous de savoir ce que vos enfants écoutent, regardent, lisent, et quels sont leurs jeux; et, dans votre maison, ne permettez pas de musique, d'émissions de télévision, de livres, de magazines, de vidéos ou de jeux vidéo que vous jugez déplacés. Si vous en trouvez, cela peut être une excellente occasion de partager vos valeurs avec votre enfant. Par exemple, vous pourriez lire ensemble les paroles d'une chanson et lui expliquer pourquoi vous les trouvez choquantes. Essayez de ne pas lui faire de sermon, au contraire, faites un effort pour écouter ce que pense réellement votre enfant, tout en ne cédant pas sur vos valeurs morales. Formulez des règles claires, faciles à comprendre, sur ce qui est acceptable et maintenez-les. Certains diront que, pour les vedettes ou les produits des médias bannis, cela en fait des martyrs, ce qui les rend encore plus désirables, mais je ne suis pas d'accord. C'est comme si vous disiez : « Les enfants fumeront de l'herbe de toute façon, j'aime mieux qu'ils le fassent à la maison et qu'ils n'aient pas à le faire en cachette. » Les enfants ont pourtant besoin de grandir dans un cadre de liberté avec de saines limites. La recherche démontre que de ne pas établir de limites dans l'éducation d'un enfant peut le mener à la délinquance, à l'abus de drogues et à un comportement antisocial. Les parents doivent prendre position sur ce qui est acceptable et sur ce qui ne l'est pas.

Remettez en question le commérage

En confrontant activement notre façon de faire du commérage malicieux, nous attaquons le mythe que l'intimidation n'est qu'un jeu. Le commérage est un passe-temps national. Jetez seulement un coup d'œil sur les journaux tabloïdes près des caisses de tout supermarché ou écoutez les *talk-shows* qui font de la sensation avec les problèmes des gens et dévalorisent les relations humaines.

Le commérage ne règle rien et il aliène les gens. Le commérage malicieux est de l'intimidation relationnelle. Les enfants ont appris beaucoup sur l'abus verbal et relationnel des pairs en observant leurs parents. Quand les adultes commèrent, ils envoient aux enfants le message qu'il est permis de dire du mal d'une personne qui n'a pas l'occasion de répondre. La fréquence du commérage montre bien que l'intimidation n'est pas quelque chose que les gens cessent de faire en vieillissant. Il faut un engagement constant pour refuser de commérer et pour démonter cette partie du mécanisme de la société qu'est l'intimidation.

Quand vous vous apprêtez à commérer, demandez-vous pourquoi vous voulez parler d'un absent. Est-ce parce que vous voulez vous venger du fait qu'une personne vous a offensé? Voulez-vous vous sentir supérieur à cette personne? Voulez-vous dire quelque chose qu'il serait préférable de dire à cette personne? Les gens méritent qu'on respecte leur intimité. Refusez de prendre part au commérage et transmettez cette valeur à vos enfants en faisant de votre maison une zone stricte de non-commérage.

Chapitre 3

Les conséquences de l'intimidation sur les enfants

Une énorme quantité de recherches faites pendant les deux dernières décennies ont donné des révélations consternantes sur les effets de l'intimidation dans la vie des enfants. Dan Olweus, un psychologue de l'Université de Bergen en Norvège, fut un pionnier dans la recherche des effets de l'intimidation chez les enfants. Il a constaté qu'il y avait des bénéfices considérables chez tous les étudiants quand des programmes pour contrer l'intimidation contribuaient à réduire les comportements agressifs dans les écoles. Non seulement la diminution de l'intimidation contribuait à un taux moins élevé de violence, mais le moral de l'école était meilleur, l'absentéisme moindre et les résultats scolaires meilleurs[1]. Les recherches de Olweus ont créé une vague d'intérêt global pour l'abus entre personnes du même âge.

Dans son livre révélateur *The Nurture Assumption,* Judith Rich Harris rapporte de façon convaincante que l'influence des pairs au cours de l'enfance contribue à forger notre personnalité bien plus que nous pourrions le penser. Elle écrit dans son livre : « Un statut inférieur dans un groupe du même âge, s'il se prolonge, peut laisser des marques indélébiles sur la personnalité. Sans l'ombre d'un doute, il peut ruiner l'enfance d'un jeune »[2]. Il n'y a aucun doute là-dessus. Les victimes de l'intimidation ont souvent un statut inférieur, et l'enfance peut leur paraître comme une lutte pénible pour s'en sortir. Même si Harris parle surtout ici des cibles, les intimidateurs sont aussi gravement affectés par leur comportement.

Comment l'intimidation affecte les cibles

À six ans, Nathaniel a été victime d'un tragique accident d'automobile qui a failli lui coûter la vie. Après l'accident, il a subi de nombreuses opérations qui ont nécessité des mois de récupération. Il n'a pas pu jouer normalement pendant plusieurs années après l'accident, et un groupe de garçons a commencé à le traiter de poule mouillée et – ce qui blesse encore plus – de « Frankenstein » puisqu'il boitait légèrement. Comme il était rondelet, on l'avait surnommé « Gros lard ». Bien qu'il n'ait jamais été agressé physiquement, les railleries ont eu un effet considérable sur sa confiance en lui, car il ne se défendait pas contre les injures. Ses tourmenteurs le traitaient de lavette et, au bout du compte, Nathaniel a commencé à penser qu'il était moins masculin que les autres garçons. Même si la plupart des autres enfants ne le harcelaient pas, ils étaient là à le regarder quand on l'injuriait et personne ne s'est jamais porté à sa défense.

En sixième année, les médecins de Nathaniel l'ont déclaré tout à fait guéri et lui ont dit qu'il pouvait faire comme tous les autres garçons. Les essais pour le football allaient bientôt commencer et même s'il voulait jouer et faire partie du groupe des garçons, il s'est bien gardé de s'exposer au ridicule. Il a abandonné son rêve de jouer au football – une chose qui l'aurait sans aucun doute aidé à se valoriser – et il a continué d'éviter les garçons qui le harcelaient.

Finalement, Nathaniel a pris un risque et s'est essayé au soccer à sa première année au secondaire. Il a réussi à faire partie de l'équipe, mais il s'est rappelé l'humiliation qu'il ressentait quand les filles qui le regardaient jouer riaient de lui chaque fois qu'il courait parce que son ventre débordait de son chandail. Comme l'opinion qu'il avait de lui était liée au fait qu'on riait de lui – il avait l'impression qu'on ne pourrait jamais l'aimer, qu'il serait toujours une mauviette et un lourdaud.

Après l'école secondaire, il a décidé qu'il en avait assez d'être humilié et il s'est mis à l'exercice. Il a remarqué qu'en perdant du poids, les femmes commençaient à lui porter attention. Il n'avait pourtant pas oublié les railleries subies pendant l'enfance par ses pairs et il se considérait toujours comme une mauviette et un lourdaud. Il était constamment sur ses gardes en compagnie d'hommes et de femmes, craignant d'être jugé ridicule par les femmes, donc manquant d'assurance et de là considéré efféminé par les hommes.

Nathaniel, qui a maintenant 28 ans et est marié depuis trois ans, est devenu un très bel homme aux manières décontractées qui dissimulent le fait qu'il ait souffert de l'abus par ses pairs dix ans plus tôt. Mais il en a été durement affecté. Nathaniel est un accro du sexe et il a eu huit aventures depuis son mariage. Il a constaté qu'il pouvait soulager temporairement ses doutes persistants quant à son charme et à sa masculinité par la promiscuité sexuelle.

Tout comme Nathaniel, la plupart des enfants seront confrontés par des pairs agressifs quand ils débuteront leur éducation scolaire. La façon dont ils se comporteront au cours des premières confrontations dans une nouvelle école ou avec un nouvel instigateur affectera la manière dont les enfants intimidateurs réagiront envers eux dans l'avenir. Un enfant qui réussit à affronter avec succès ces premières situations n'est pas susceptible d'être intimidé de nouveau. Toutefois, les instigateurs de l'intimidation verront dans un enfant qui a de la difficulté à s'affirmer un être vulnérable et quelqu'un qui peut devenir une cible. Même si un enfant peut faire de son mieux pour faire face à la situation, plus l'intimidation durera sans qu'il y ait de répit, plus l'enfant se sentira découragé, craintif et impuissant, jusqu'à ce qu'il soit convaincu que rien ne pourra jamais changer. Ce genre de découragement mène à un sentiment de désespoir et à une variété de problèmes qui peuvent s'étendre jusqu'à l'âge adulte.

Problèmes personnels

Comme elles se sentent trompées et prises dans un cercle vicieux sur lequel elles croient avoir peu de contrôle, les cibles chroniques de l'intimidation ont généralement peu de confiance en elles et souffrent souvent de dépression clinique pendant toute leur enfance. Leur dépression peut souvent provoquer de plus grands sentiments d'isolement. Embarrassées et honteuses, il est possible qu'elles ne veuillent parler de leurs sentiments avec personne. Plus un enfant se sent isolé, plus il devient déprimé. Les cibles de l'abus des pairs sont aussi sujettes à penser au suicide et à tenter de se suicider.

Les cibles chroniques d'intimidation sont aussi plus enclines à avoir leur large part de problèmes d'anxiété. *L'anxiété* signifie toute peur irraisonnée ou tout problème qui empêche un fonctionnement normal. Il est évident que tous les enfants sont anxieux de temps à autre, et plusieurs de ces peurs sont rationnelles. Il est logique de craindre un intimidateur. Qui n'aurait crainte? Cette peur naturelle mène souvent à une appréciation réaliste du problème et encourage la cible à trouver un moyen d'y faire face. Par contre, quand une grande peur se transforme en anxiété paralysante, elle affecte défavorablement la vie de l'enfant. Les symptômes de l'anxiété peuvent se manifester par l'insomnie, les cauchemars, les tics ou les gestes nerveux, et le refus d'aller à l'école. Les symptômes physiques comme la perte d'appétit, les problèmes gastro-intestinaux et les problèmes dermatologiques sont des signes communs. Les cibles de l'intimidation sont trois ou quatre fois plus susceptibles que les autres d'avoir des problèmes d'insomnie, d'anxiété et de grave dépression[3]. Austin, un garçon de dix ans avec des difficultés d'apprentissage, a développé une telle crainte des railleries quotidiennes de son compagnon de classe Brian qu'il est devenu eczémateux, qu'il se réveillait le matin avec des maux d'estomac et, finalement, il a refusé d'aller à l'école.

Les problèmes émotionnels engendrés dans l'enfance par l'abus des pairs ne cessent pas toujours pendant l'enfance; ils peuvent se poursuivre et affecter les adultes. Plusieurs enfants qui se sont sentis isolés et déprimés en raison de l'intimidation par leurs pairs éprouvent encore les mêmes sentiments une fois devenus adultes. Selon mon expérience avec mes clients, la dépression clinique et les problèmes reliés à l'anxiété, telles les phobies sociales, sont communs chez les adultes qui ont été intimidés par leurs pairs.

Problèmes interpersonnels

Les enfants intimidés de façon chronique ne savent généralement pas comment se défendre avec les mots. Très souvent, l'enfant qui intimide est plus fort verbalement et plus rapide à la réplique et aux remarques humiliantes, et la cible ne sait pas comment réagir. Une fois qu'on a accolé à la cible une étiquette désobligeante – comme poule mouillée, femmelette, pédé, monstre ou sorcière – il devient très difficile pour l'enfant de s'en débarrasser. De tels noms visent à maintenir la cible dans une position vulnérable et à dépersonnaliser l'enfant. C'est intimidant et honteux, surtout en présence d'autres personnes. En conséquence, plusieurs cibles de l'intimidation font des détours pour éviter leurs attaquants et les endroits que ces derniers fréquentent. Elles sont constamment en proie à l'anxiété et à la peur, car elles considèrent l'école comme un lieu risqué et déplaisant. Une étude publiée en 1994 démontre que plus de 7 pour cent des élèves de deuxième secondaire manquent l'école au moins une fois par mois par crainte d'attaques émotionnelles ou physiques de la part d'étudiants agressifs[4].

La timidité, un trait inné, constitue un attribut commun chez les cibles de l'abus des pairs. Les enfants timides sont plus vulnérables que les autres quand il s'agit d'intimidation, et devenir la cible de l'intimidation exacerbe le problème de la timidité naturelle. Les enfants timides souffrent quand des sentiments de honte et d'intimidation s'ajoutent à leur timidité naturelle.

Timides ou non, plusieurs cibles deviennent préoccupées par des pensées de vengeance contre leurs attaquants. La plupart des enfants intimidés n'extériorisent jamais leur colère. Pourtant, ce n'est pas par simple coïncidence que tant d'auteurs de violence à l'école ont été la cible d'intimidation chronique à l'école. Une intimidation prolongée par les pairs suscite une rage profonde chez certains enfants, et il y en a qui choisissent de répondre par la vengeance. La peur et le manque de confiance en soi que ressent une cible peuvent être durables et même se prolonger jusqu'à l'âge adulte, l'affectant négativement de diverses façons. Dans ma pratique, j'ai observé que des hommes et des femmes qui avaient vécu de l'intimidation par leurs pairs ont tendance à craindre l'intimité dans les relations. Plusieurs adultes qui ont été intimidés quand ils étaient enfants ont aussi des difficultés à se faire des amis, à converser normalement et à se sentir détendus dans des rencontres sociales comme des soirées ou dans leur milieu de travail.

Problèmes académiques

Les enfants qui craignent l'intimidation ne peuvent pas étudier. Même si plusieurs cibles d'intimidation ont une attitude positive envers le travail scolaire, leur travail en souffre car la douleur émotionnelle de l'intimidation consume leur énergie. S'inquiéter de la prochaine agression verbale ou physique peut empêcher l'enfant de se concentrer et de mettre le focus sur ses tâches.

Jackie, une fille timide et intelligente de cinquième année, aime toutes ses matières à l'école, mais dernièrement ses notes ont baissé. Elle ne peut pas se concentrer après le déjeuner parce qu'elle perd trop de temps à s'inquiéter d'un garçon de deuxième secondaire qui la harcèle dans l'autobus à propos de sa poitrine qui se développe. Elle craint de le dire à ses parents ou aux autorités de l'école parce que ce garçon a la réputation d'être violent et elle a peur que l'intimidation s'aggrave. Entre-temps, ses notes continuent d'en souffrir.

Plusieurs étudiants rapportent que la principale raison pour laquelle on les intimide, c'est qu'ils ont de bonnes notes à l'école. De nombreux enfants qu'on traite de « tarés » ou de « crétins » souffriront courageusement pendant toutes leurs études et apporteront une contribution valable à la société comme adultes. Mais ce n'est pas toujours le cas. Parfois, l'intimidation incitera les étudiants à quitter l'école pour toujours, même s'ils réussissent mieux que la moyenne. Dix pour cent de ceux qui abandonnent leurs études secondaires disent qu'ils ne sont pas retournés à l'école par crainte d'être harcelés ou agressés[5].

Problèmes d'abus de substance

Il n'est pas surprenant que le stress éprouvé par les cibles de l'intimidation puisse résulter en des problèmes graves d'abus de substance. Un moyen facile pour les enfants intimidés de s'intégrer consiste à fumer, à prendre de l'alcool et autres drogues parce que la chose est considérée « cool » chez certains groupes de jeunes du même âge. Les enfants qui commencent à consommer des substances pour être acceptés pourraient continuer à les utiliser pour échapper temporairement à leur souffrance émotionnelle. Ceci rend une jeune personne très à risque de devenir dépendante de substances chimiques, parce que plus un enfant commence à consommer de l'alcool ou d'autres drogues en bas âge, plus il a de chances d'en devenir dépendant.

Comment l'intimidation affecte les enfants intimidateurs

Troy se rappelle qu'en deuxième année il aimait beaucoup placer des pétards dans la bouche de grenouilles pour ensuite les regarder sautiller et éclater. Il rit en racontant avoir passé plus de temps au bureau du directeur qu'en classe. Généralement, on le convoquait pour batailles, mais il était assez rusé pour ne jamais se faire prendre à harceler d'autres enfants. Il sourit et raconte comment il s'était raillé sans merci d'un autre garçon en fauteuil roulant, qu'il appelait « Homme de métal », jusqu'à ce que les parents de la cible en viennent à retirer leur fils de l'école.

Troy se souvient d'avoir été très populaire pendant les classes élémentaires et au début du secondaire. « Les autres me respectaient, disait-il, parce que je ne tolérais pas que quelqu'un m'emmerde. Je n'ai pas changé. » Comme plusieurs enfants qui intimident, Troy confondait peur et respect. Au deuxième cycle du secondaire, il a fait partie des G, un gang de jeunes violents où l'initiation consistait à participer à un viol collectif ou à voler une voiture. Il a choisi de violer une fille d'une autre école qu'il ne connaissait pas et il a été admis dans la bande.

En deuxième année de collège, Troy a été expulsé de l'institution pour avoir porté sur lui une arme et il n'y est jamais retourné. Pendant quelques années, il trouvait facilement de l'argent en vendant de la drogue. « Je pourrai toujours le refaire », a-t-il plaisanté en fixant les barreaux de sa cellule dans la prison où il purgeait une sentence pour vol à main armée.

Malheureusement, l'histoire de Troy n'est vraiment pas unique. Il est impératif d'aider les enfants à cesser leurs comportements d'intimidation quand ils sont jeunes, comme le démontrent ces statistiques étonnantes : les enfants qui sont identifiés en deuxième année comme des instigateurs d'intimidation sont, tenez-vous bien, six fois plus susceptibles d'être reconnus coupables pour un crime avant vingt-quatre ans que ceux qui n'intimident pas, et ils risquent cinq fois plus d'avoir un sérieux dossier criminel dès l'âge de trente ans[6]. De toute évidence, l'avenir des enfants qui intimident n'est pas brillant. À mesure que les comportements d'intimidation deviennent de plus en plus ancrés, l'agression et le manque d'empathie pour les autres deviennent des habitudes et mènent à de sérieux problèmes pour toute la vie dans les relations, la carrière et avec le système judiciaire. Les enfants qui intimident ont tendance à faire de la projection, c'est-à-dire qu'ils blâment les autres pour les problèmes qu'ils causent eux-mêmes. Ils ne voient pas que leurs propres attitudes et leurs comportements leur créent des problèmes.

Il n'y a pas longtemps, j'ai été témoin d'un exemple typique de projection. J'étais dans une école élémentaire lorsqu'un étudiant s'est avancé dans le corridor vers un homme de maintenance grimpé sur une échelle. Le garçon s'est tenu là pendant un moment, puis il a demandé à l'homme sur l'échelle : « Dites donc, Monsieur, que diriez-vous si je secouais votre échelle? »

« Je n'aimerais pas du tout cela, fiston. Abstiens-toi de le faire. »

Le garçon a ensuite pris l'échelle et l'a secouée, faisant tomber l'homme qui avait perdu l'équilibre. Heureusement, ce dernier n'a pas été blessé. Il a amené immédiatement le garçon dans le bureau du directeur. Les parents du garçon ont été convoqués et, comme punition, le jeune a été suspendu de l'école. Quand le garçon a croisé l'homme de maintenance plus tard dans la journée, il lui a lancé un regard furieux et lui a dit : « Tu m'as créé des problèmes. » Fait caractéristique des enfants qui intimident, ce garçon n'a pas accepté la responsabilité de son comportement, préférant blâmer la personne qu'il a intimidée.

Cette attitude peut dégénérer en problèmes chroniques pour les enfants intimidateurs. Les manipulations, les déceptions, les mensonges et se tirer des mauvais pas deviennent un mode de vie. Nous entendons la litanie des excuses que les enfants intimidateurs utilisent pour ne pas s'imputer de responsabilité : « Il l'a cherché. » « Pourquoi me blâmes-tu toujours? » « Ce n'était pas ma faute! »

Les messages profonds qui dominent la vie d'un enfant intimidateur, tel « Je suis supérieur à toi, alors je te traite comme je l'entends », génèrent des problèmes prévisibles, qu'ils soient personnels, interpersonnels, académiques, professionnels et légaux.

Problèmes personnels

La vie intérieure d'un enfant qui intimide est souvent marquée par la confusion. Comme je l'ai déjà mentionné, plusieurs de ces filles et garçons sont plus portés vers la colère, sont plus déprimés, plus impulsifs et ont davantage tendance à croire qu'ils n'ont pas leur place à l'école. Plusieurs enfants qui intimident sont cliniquement dépressifs, mais très souvent ils ne reçoivent pas de traitement pour leur dépression et elle passe inaperçue parce que les adultes sont davantage préoccupés par le problème immédiat de contrôler leur comportement. Il est facile de comprendre pourquoi de nombreux enfants intimidateurs sont déprimés. La démonstration de fausse bravade que nous observons souvent chez ces enfants est un camouflage de leur profond sentiment de vide intérieur, de leur sentiment d'insuffisance et de leur sentiment de ne pas être aimés. Les enfants qui intimident nient souvent leurs sentiments fondés sur la honte et la colère. Il leur est difficile de reconnaître et d'admettre une telle souffrance et une telle vulnérabilité, et l'une des peurs les plus grandes et les plus dommageables chez ces enfants est la peur de demander de l'aide à quiconque pour leurs problèmes.

Problèmes interpersonnels

Alors que Andy attend à l'arrêt d'autobus, il pense à une expérience scientifique faite dans la classe pendant la journée. Il jette un regard absent vers un groupe d'enfants, d'où Joe avance en sa direction pour le confronter. « Est-ce que tu me fixes? » demande Joe d'un ton hargneux. Andy répond qu'il ne fixait pas, qu'il était simplement perdu dans ses pensées. Joe bouscule Andy et le jette par terre en le frappant, pour ensuite dire à tous ceux qui peuvent l'entendre : « Ne me fixe plus jamais, sale voyou. »

Comme Joe, les enfants qui intimident par habitude voient des intentions hostiles quand il n'y en a pas, ce qui les pousse souvent à réagir aux situations avec agressivité et mal à propos. Ils ont souvent de grandes difficultés à contenir leurs émotions. Maintes fois, ces enfants se mettent plus rapidement en colère et ont beaucoup plus de difficulté à la contrôler que la plupart des autres enfants. Mais ce ne sont pas tous les enfants intimidants qui répondent à cette description. Parfois, les enfants intimidateurs sont décontractés et détachés, et ne sont pas enclins à réagir avec arrogance à ce qu'ils perçoivent comme des menaces. Ils attendront plutôt l'occasion d'intimider quand ils seront certains que les adultes ou les pairs qui pourraient les empêcher d'agir ne pourront pas les surprendre. L'un ou l'autre de ces modèles de comportement peut mener à des problèmes pour la vie et faire en sorte que des enfants intimidateurs soient plus facilement impliqués dans des crimes violents à l'âge adulte.

Il est reconnu que tous les enfants qui intimident démontrent un manque d'empathie, laquelle est essentielle dans le développement de relations saines. Pour vraiment profiter de solides relations avec les autres, nous devons nous intéresser à leurs sentiments et à la façon dont notre comportement peut les affecter. Les enfants qui intimident n'éprouvent pas le même sentiment de remords que la plupart des autres après avoir blessé quelqu'un, alors il en découle souvent des difficultés à se lier d'amitié quand l'enfant intimidateur vieillit.

Au cours des premières années scolaires, cet enfant peut être très populaire. Il peut obtenir ce qu'il veut quand il le veut, et il peut avoir un groupe d'amis qui l'admirent à cause du pouvoir qu'il exerce. À mesure que l'adolescence approche, par contre, il devient moins populaire. Ce qui était considéré « cool » est maintenant jugé agaçant et immature. Les enfants qui ont appris la valeur des bonnes relations et de la coopération, et qui traitent les autres avec respect, gravitent dans un même cercle. L'enfant intimidateur, souvent considéré avec mépris, est jugé de plus en plus comme une personne à éviter. Cela réduit le choix des amis pour ces intimidateurs. Vers la fin du secondaire, s'il fréquente encore l'école, un enfant agressif aura généralement des relations avec des jeunes qui renforceront son statut. Souvent, ces individus seront aussi des intimidateurs. Dans le pire des scénarios, l'adolescent se sera intégré à un gang.

Malgré son apparente confiance en lui, l'enfant intimidateur a très peu d'estime de soi. Même si des études montrent que la plupart des enfants intimidateurs diront qu'ils sont heureux d'être ce qu'ils sont[7], ils ne sont bien avec eux-mêmes que dans la mesure où ils peuvent se sentir supérieurs aux autres. C'est comme s'ils disaient : « Je suis bien seulement dans la mesure où je peux te contrôler. » Les enfants intimidateurs éprouvent de manière typique un sentiment de ne pas être à la hauteur, et ils utilisent le pouvoir et le contrôle sur les autres pour éviter de penser à leur propre sentiment d'infériorité. Plus l'enfant se sent mal-aimé, insuffisant et inférieur, plus il lui est difficile d'accepter ces sentiments, de leur faire face et de les résoudre. Au lieu de confronter directement ces peurs profondément ancrées, l'enfant intimidateur utilise un mécanisme de défense psychologique appelé *projection*. Par la projection, ses propres sentiments ou ses caractéristiques qu'il rejette sont transposés sur quelqu'un d'autre. L'enfant intimidateur dit essentiellement : « Je sais que je ne suis pas inférieur (ou mal-aimé ou insuffisant) parce que *tu l'es,* et je vaux mieux que toi. »

L'enfant intimidateur ne sait pas grand-chose sur ce qu'il est vraiment, et les interactions significatives avec d'autres deviennent extrêmement difficiles, surtout quand l'enfant entre dans l'adolescence. Pendant que d'autres enfants développent de l'empathie et de la compréhension de soi, ce manque de compréhension pour l'enfant intimidateur devient un problème grave. Plus ces enfants se sentent insuffisants, plus ils se défouleront sur leurs pairs. Toutes leurs actions sont motivées par le besoin de maintenir un sens de dignité personnelle et pour se donner l'apparence d'être importants.

Si ces enfants atteignent l'âge adulte sans avoir réglé ce sentiment d'insuffisance, souvent inconscient, qui les porte à intimider, ils continueront à rechercher la supériorité et le contrôle dans leurs relations pour masquer ces sentiments profonds. Ils courent un risque beaucoup plus grand d'avoir des relations familiales dysfonctionnelles et des problèmes de violence au foyer. Pour élever des enfants, il faut de la patience, la capacité et le désir d'être empathique, et la capacité de contrôler la colère et la frustration. Quand les instigateurs de l'intimidation atteignent l'âge adulte et ont leurs propres enfants, ils sont plus susceptibles d'abuser d'eux. Quand un ou les deux parents étaient agressifs pendant leur enfance, leurs propres enfants ont plus de risque de développer un comportement d'intimidateur.

Problèmes académiques, professionnels et légaux

Les enfants qui intimident ont tendance à se fixer des objectifs académiques et professionnels moins élevés que d'autres enfants. Les enfants intimidateurs sont plus susceptibles d'avoir une attitude négative envers les études et, avec le temps, ils ont tendance à les négliger et à décrocher de l'école. Les adultes qui ont été des intimidateurs quand ils étaient enfants tendent à être moins scolarisés et à gagner moins d'argent que les autres. Comme résultat, ces adultes sont en général moins satisfaits de leur carrière parce que les buts qu'ils se sont fixés sont au-dessous de leur potentiel. Encore une fois, de façon typique chez ces individus, ils ont tendance à blâmer les circonstances extérieures plutôt que d'examiner comment leurs propres attitudes et leurs choix les ont amenés à leur situation actuelle.

Les instigateurs de l'intimidation, plus que les autres adolescents, sont impliqués dans le vandalisme, les bagarres, les vols, les abus d'alcool, l'absentéisme, et à se faire arrêter une fois jeunes adultes[8]. Leurs démêlés avec les tribunaux peuvent se poursuivre jusqu'à l'âge adulte. Par exemple, on a remarqué que les hommes adultes qui ont été des enfants intimidateurs ont plus de condamnations, et pour des crimes plus graves, de même que plus d'infractions au code de la route et de condamnations pour ivresse au volant que ceux qui n'intimidaient pas leurs pairs lorsqu'ils étaient enfants[9].

De toute évidence, les enfants sont affectés différemment par l'intimidation entre gens du même âge, selon qu'ils sont des cibles ou des intimidateurs. Pourtant, l'espoir est là pour tous les enfants affectés par l'intimidation, surtout quand les parents sont prêts à travailler avec eux. Nous pouvons aider nos enfants à traverser les rives houleuses de l'enfance en apprenant aux cibles et aux instigateurs de l'intimidation à reconnaître leur propre valeur en tant que personne unique. C'est seulement à ce moment-là qu'ils pourront naviguer sur les mers de l'âge adulte sans être retenus par l'ancre des souffrances de l'enfance.

Partie II

QUE FAIRE SI VOTRE ENFANT EST UNE CIBLE D'INTIMIDATION

Chapitre 4

Comment savoir si votre enfant est intimidé

Malgré le fait que bien des enfants sont assez ouverts avec leurs parents sur la question de l'intimidation, il est souvent difficile pour certains d'entre eux de parler avec *qui que ce soit* de ce qui leur arrive parce qu'ils se sentent honteux, faibles, insuffisants, peu sûrs d'eux-mêmes ou craintifs. Un jeune enfant est plus porté qu'un plus vieux à voir ses parents comme une source d'aide pour faire cesser le harcèlement et il est ainsi plus susceptible de leur en parler. Dès que l'enfant atteint le secondaire, il est moins porté à parler spontanément à un parent de ses problèmes d'intimidation par ses pairs.

Si vous observez un changement important dans le comportement habituel de votre enfant, vous pourriez vouloir chercher à savoir si la cause en est l'intimidation. Si, par exemple, votre enfant normalement plein d'énergie semble déprimé, ou si votre enfant habituellement calme montre des signes d'agitation

– vous voudrez savoir s'il réagit à un comportement d'intimidation. Que les enfants parlent spontanément ou non d'intimidation à leurs parents, il est important que les parents sachent reconnaître certains des signes avertisseurs qui indiquent que leur enfant pourrait être une cible d'intimidation.

Signes avertisseurs

Si votre enfant montre un des symptômes suivants, il ou elle pourrait être la cible d'intimidation :

- tout changement dans son comportement normal,
- peu d'enthousiasme pour aller à l'école ou pour participer à des activités scolaires en groupe,
- baisse inexplicable des résultats académiques,
- vêtements déchirés,
- maux de tête, d'estomac ou autres maladies inexplicables,
- réveils fréquents, périodes de sommeil prolongées, ou autres changements dans les habitudes de sommeil,
- évitement des pairs et des activités sociales à l'école,
- évitement de la cafétéria ou de la cour de récréation à l'école,
- évitement des activités parascolaires,
- perte d'intérêt pour des activités qu'il aimait,

- comportement triste et déprimé,
- réticence à se rendre ou à revenir de l'école à pied,
- hésitation à parler de ce qui se passe à l'école.

Les enfants qui intimident aiment s'en prendre aux cibles les plus faciles et certains enfants sont plus susceptibles de devenir des cibles à cause de leur comportement. Le comportement d'une cible peut être ou passif ou provocateur.

Les cibles passives de l'intimidation

Les enfants soumis, ceux qui ont de la difficulté à s'affirmer, ont le plus tendance à devenir des cibles chroniques des enfants qui intimident. Dans une certaine mesure, la plupart des enfants soumis comprennent que la véritable raison pour laquelle les instigateurs les choisissent n'est pas leur apparence, ni parce qu'ils sont malins ou pas, ni la marque de leurs chaussures. Ils savent que leur incapacité à se défendre des attaques attire les enfants qui intimident. Certains enfants ont plus de difficulté que d'autres à s'affirmer. Les enfants gênés, traumatisés ou physiquement faibles, ou les enfants plus petits, éprouvent souvent de la difficulté à s'affirmer face aux enfants qui intimident, et on doit leur enseigner quoi faire face à des pairs agressifs. Les réactions des enfants passifs dans les exemples qui suivent montrent comment un peu de pratique sur la façon de s'affirmer pourrait changer leur vie du tout au tout.

Les enfants gênés

Tania, une élève de troisième année, a toujours été une fille gênée et tranquille. Enfant unique, elle passe la plus grande partie de son temps avec ses parents et leurs amis adultes, et se sent très à l'aise en leur compagnie. Mais elle ne sait pas comment se faire des amis de son âge. Elle parle rarement aux autres élèves à l'école, sauf s'ils lui adressent la parole en premier, et elle passe souvent la récréation seule. Cette semaine, Kylie, une populaire compagne de classe, a invité toutes les filles à sa fête d'anniversaire, sauf Tania considérée par Kylie comme « bizarre ». Tania a été peinée de ne pas avoir été invitée, mais elle n'en a rien dit jusqu'à ce que ses parents, remarquant qu'elle était plus tranquille qu'à l'habitude et qu'elle avait même l'air déprimée, réussissent à la faire parler.

La plupart des enfants éprouvent de la gêne à l'occasion. Souvent, ils ont de la difficulté à rencontrer quelqu'un pour la première fois, à aller dans des endroits où ils ne connaissent personne, à dire ou à faire des choses qui les laissent paraître différents, ou à être taquinés. Mais les enfants qu'on pourrait qualifier de « gênés » se sentent presque toujours mal à l'aise dans les occasions sociales. La nervosité d'un enfant gêné en présence d'autres personnes vient de sa peur d'être embarrassé ou humilié. Ces enfants deviennent anxieux lorsqu'ils sont séparés de leurs parents, ne peuvent regarder les gens dans les yeux lors de rencontres sociales, et sont mal à l'aise avec des groupes de pairs.

Les enfants traumatisés

À l'âge de dix ans, Timothy a vu ses parents et son frère aîné mourir dans un accident de la route. Il est allé vivre chez des parents et il a eu de la difficulté à s'adapter. Aujourd'hui, Timothy est un élève de sixième année tranquille, retiré, et il montre des signes de dépression et de troubles de stress post-traumatique (TSPT). Il fait fréquemment des cauchemars, a peur en voiture, et néglige son hygiène personnelle. Quand les autres l'appellent « Puant » et d'autres noms parce qu'il ne s'est pas lavé, souvent il s'enfuit en courant ou il se met à pleurer.

Un enfant peut être traumatisé par une variété d'événements pénibles, dont les accidents, les catastrophes naturelles, le divorce des parents, l'abus, le stress familial chronique ou le fait d'avoir été témoin d'un crime violent. Les traumatismes non résolus peuvent affecter profondément un enfant et entraîner de sérieux problèmes émotifs, comme le TSPT. Ces enfants, souvent envahis par l'anxiété et la peur, sont incapables de fonctionner de manière à s'intégrer dans un groupe de leurs pairs. On les dit « hypersensibles » parce qu'ils sont facilement blessés. Pour se protéger de peines additionnelles, ils peuvent fuir les contacts sociaux avec les autres enfants. Cet éloignement les rend encore plus sujets à être intimidés.

Les enfants physiquement faibles ou petits

Luke est en deuxième année. Il est petit pour son âge. Il ne sait pas comment se défendre quand Travis l'appelle « Quat'z'yeux » et le bouscule au terrain de jeu sous le regard des autres enfants de sa classe. Il se sent embarrassé et en colère, il remonte les épaules et se croise les bras, mais ne dit rien. Deux autres garçons entrent dans le jeu et les railleries augmentent. La cloche sonne et Luke est encore une fois sauvé par elle. Il aimerait que Travis et ses amis cessent de le harceler et qu'ils soient gentils, mais il sait qu'ils ne le feront pas. Tout recommencera demain.

Même si la taille ou la force d'un enfant n'est souvent pas le problème réel, l'enfant qui est plus petit ou plus faible que ses pairs est un candidat probable à l'intimidation. Les enfants petits ou faibles qui sont intimidés ont souvent une piètre image de leur corps. L'image de soi chez les garçons est étroitement reliée à la force physique, et les garçons de petite stature et faibles physiquement sont plus souvent ciblés que les filles.

Les cibles de l'intimidation qui provoquent

Certains enfants semblent rechercher l'intimidation. Ils provoqueront un enfant qui intimide pour ensuite menacer de le dénoncer au professeur, ou ils feront sciemment un effort particulier pour faire quelque chose que l'enfant intimidateur n'aime pas. Ils passeront près d'un groupe d'enfants turbulents, comme des mites attirées par une flamme. Ces enfants n'éveillent pas la sympathie des enseignants et des autres élèves, car pour cesser d'être des cibles ils n'ont qu'à *mettre fin* à leur comportement. Cependant, ou bien ils ne veulent pas cesser – un comportement qui, on le comprend, agace les professeurs – ou bien ils semblent incapables d'y mettre fin.

On appelle *cibles provocatrices* les enfants qui incitent d'autres élèves à l'intimidation. Ils ont autant les caractéristiques des instigateurs que celles des cibles. Il est difficile de les identifier comme cibles, car on les perçoit souvent comme des instigateurs dans des cas d'intimidation. Une cible provocatrice peut faire partie d'une de trois catégories, mais elle peut aussi avoir des caractéristiques des autres catégories. Ces catégories sont : ceux qui recherchent l'attention, ceux qui recherchent l'excitation et ceux qui recherchent la vengeance.

Ceux qui recherchent l'attention

Abe est en quatrième année et son t-shirt favori est à l'effigie du personnage de bande dessinée, le Diable de Tasmanie, symbole étonnamment approprié de son comportement à l'école. Même si Abe ne penserait jamais agacer quelqu'un de plus faible que lui, il n'est donc pas un enfant qui intimide, il ne peut s'empêcher d'agacer les garçons qui intimident et qui répondront à ses provocations. Un de ses tours favoris est de surprendre Jorge, un fort gaillard de cinquième année, de lui crier des noms pour ensuite tenter de lui échapper en courant quand celui-ci perd patience. Comme une mouche, Abe agace les autres, mais il ne choisit que les garçons qui auront le dessus sur lui. Il se fait souvent rattraper et il finit par perdre la bataille, pour ensuite se plaindre au directeur en disant : « C'est lui qui a commencé. » Ce comportement antisocial fait qu'Abe n'a pas d'amis. Il a un besoin désespéré de se faire remarquer et il croit qu'une attention négative est mieux que pas d'attention du tout.

Ceux qui recherchent l'attention en ont tellement besoin qu'ils feraient n'importe quoi, ou presque, pour l'obtenir. Les autres enfants les trouvent habituellement immatures et ne veulent rien savoir d'eux. La seule solution qui reste à ceux qui veulent attirer l'attention est de rechercher l'attention négative des enfants qui intimident. Malheureusement, ils ont tendance à prendre trop de risques et se font souvent blesser.

Ceux qui recherchent l'excitation

Dominic est en troisième année. On a diagnostiqué qu'il souffrait de Déficit de l'attention/hyperactivité (DA/H). Il dit souvent qu'il s'ennuie, il a de la difficulté à rester en place, à partager et à attendre son tour quand il joue avec les autres enfants, et il agit impulsivement. À l'instar de plusieurs cibles qui provoquent, Dominic a de la difficulté à prévoir les conséquences de son comportement. Il agit avant de penser.

Dominic devient émotionnellement troublé et facilement frustré. Quand il est irrité, il peut aussi bien passer sa colère sur un enfant qui intimide que sur tout autre. Il ne lui vient pas à l'esprit que sa colère mal dirigée peut lui attirer des difficultés, ce qui arrive fréquemment. Il ne comprend pas pourquoi il se retrouve si souvent dans le rôle du perdant dans ses interactions avec ses pairs.

Toutes les cibles qui provoquent agissent impulsivement, mais celles qui recherchent l'excitation sont plus impulsives que les autres. Plusieurs cibles qui provoquent souffrent de DA/H. Les enfants atteints de DA/H ont l'impression de recevoir « une surcharge d'information » et cherchent par leur comportement à brûler de l'énergie.

Ceux qui recherchent la vengeance

Rebecca, une fille réservée, est très gênée par son apparence. Elle a des problèmes d'image de soi à cause de son obésité et, qui plus est, depuis un an, elle fait beaucoup d'acné. Rebecca se fait harceler par le même groupe de filles depuis la quatrième année. Aujourd'hui, en première secondaire, elle a décidé qu'elle en avait assez. Rebecca a l'impression que ses professeurs ignorent ses constants appels à l'aide en lui disant qu'elle est assez vieille pour régler elle-même ses problèmes, et elle en a assez de se faire traiter de pleurnicheuse par au moins deux professeurs. De plus, elle a l'impression que son professeur d'éducation physique, une jeune femme jolie et vive, la méprise et favorise les filles qui ne sont pas obèses.

Récemment, Rebecca a commencé à semer des notes méchantes à l'égard de ses tourmenteuses, laissant entendre qu'elles sont des lesbiennes actives sexuellement entre elles. Un jour, après le cours de gymnastique, dernière période de la journée, les filles l'ont trouvée seule dans le vestiaire, lui ont volé tous ses vêtements d'école et ceux de gymnastique, qu'elles ont jetés dans la poubelle à l'extérieur de l'école. Une concierge l'a trouvée en larmes dans les douches plusieurs heures plus tard.

Rebecca est une cible provocatrice typique qui cherche à se venger des enfants qui l'ont harcelée. Même si Rebecca n'a pas cherché à se venger des professeurs qui ne l'ont pas aidée, plusieurs enfants qui cherchent à se venger s'en prennent à des adultes ou à des spectateurs qui ne les ont pas aidés. Malheureusement, les cibles provocatrices qui cherchent à se venger ne font souvent qu'empirer une situation déjà pénible et difficile.

Si votre enfant vous parle d'intimidation, si vous remarquez des symptômes, ou si votre enfant vous semble être une cible provocatrice ou passive, votre prochaine étape est d'apprendre comment parler à votre enfant pour résoudre le problème.

Chapitre 5

Parler d'intimidation avec votre enfant

Rien ne fait plus mal que de voir son enfant souffrir, particulièrement quand la source de sa souffrance est aussi cruelle et injuste que l'intimidation. N'oubliez pas que ce dont votre enfant a le plus besoin est que vous lui prêtiez une oreille respectueuse, pas que vous régliez le problème à sa place. Votre enfant doit savoir qu'il existe des techniques efficaces et non violentes de régler les problèmes d'intimidation et que vous les lui apprendrez. Nous parlerons en détail, dans les chapitres 6 et 7, des techniques, mais le but du présent chapitre est d'étudier votre réaction à la suite de la découverte de la situation de votre enfant et de vous donner les techniques pour parler avec lui.

Autant l'abus par les pairs peut affecter l'image de soi d'un enfant, autant les enfants peuvent devenir très habiles pour cacher qu'ils sont intimidés s'ils craignent qu'un parent envenime davantage la situation en parlant à l'enfant intimidateur ou à ses parents.

Bien que ce ne soit pas toujours le cas, les enfants qui sont fréquemment la cible d'intimidation ont souvent des parents surprotecteurs. La surprotection est une manifestation exagérée du désir normal des parents de protéger leur enfant. Protéger un enfant des dangers ou de la pression qu'il ne peut affronter seul est une partie importante du rôle des parents. Cependant, protéger un enfant contre les situations normales de la vie, comme l'intimidation qui ne le menace pas sérieusement, lui donne le message qu'il est incapable de faire face à ces situations par lui-même. La surprotection, si elle se veut un gage d'amour et de bonnes intentions, amène l'enfant à se sentir anxieux, insécure et faible. Plus les parents sont surprotecteurs, plus l'enfant risque de devenir craintif et moins confiant. Comparez vos réactions à celles des parents surprotecteurs dans les scénarios qui suivent.

■ ■ ■

SCÉNARIO 1

Ces derniers temps, un garçon de première secondaire manifeste des signes de dépression et il passe beaucoup de temps seul dans sa chambre. Son père croit qu'il y a intimidation, car il a entendu quelques garçons du quartier traiter son fils de taré et de débile quand celui-ci descendait de l'autobus. Comme son fils a toujours été calme et qu'il est sensible, le père craint qu'il ne puisse répondre à l'intimidation verbale. Pendant le souper, il répète à son fils ce qu'il a entendu dire de la part des garçons et ajoute qu'il irait dorénavant le conduire et le ramener de l'école chaque jour. Le fils a accepté et s'est senti soulagé, pourtant il savait que l'intervention de son père n'empêcherait pas les garçons de le harceler à l'école. Il se sentait aussi plus incompétent et faible parce que son père ne croyait pas assez en lui pour qu'il puisse s'occuper du problème lui-même.

En venant au secours de son fils, ce père lui enseignait à fuir les problèmes, à ne pas y faire face avec assurance. En parlant d'intimidation, il aurait laissé clairement entendre à son fils qu'il avait confiance en lui pour trouver une solution et cela aurait été une meilleure approche.

SCÉNARIO 2

Une nouvelle fille à l'école a traité une élève obèse de quatrième année de « Truie ». La fillette, qui n'avait jamais été harcelée par des pairs auparavant, est rentrée à la maison en pleurant. En entendant son histoire, sa mère fonce à la maison de l'autre fillette pour parler avec elle et ses parents.

En s'appropriant la situation, cette mère enlève à sa fille l'occasion d'explorer ses sentiments par rapport à ce harcèlement et de trouver le moyen d'y faire face s'il venait à se reproduire. Il aurait été plus utile de demander à sa fille ce qu'elle ressentait et d'explorer des solutions.

■ ■ ■

Les raisons de la surprotection

La surprotection vient souvent des problèmes d'enfance des parents qui n'ont pas été résolus. Vous aurez peut-être tendance à être surprotecteur si vous avez vécu un des cas suivants :

- Enfant, vous avez été intimidé.
- Vous êtes facilement blessé et vous avez de la difficulté à vous affirmer quand une personne vous blesse.
- Vos propres parents étaient surprotecteurs.
- On vous a toujours dit que ce n'était pas « gentil » de s'affirmer.
- Vous étiez un enfant très craintif ou timide.

Voici certains indices qui vous aideront à déterminer si vous êtes assez ou trop protecteur. Un parent est surprotecteur quand il ou elle se comporte d'une des manières suivantes :

- Fait régulièrement pour l'enfant des choses que celui-ci est capable de faire.
- Agit comme si l'enfant était plus jeune qu'il ne l'est et donc incapable de régler des problèmes de son âge.
- Traite son enfant comme incapable émotivement de faire face à toute situation stressante.
- Intervient quand l'enfant harcelé, qui n'a pas été blessé ou menacé physiquement et ne montre aucun signe de dommage psychologique, a demandé au parent de ne pas intervenir.

Répondre efficacement

Quand l'intégrité physique de l'enfant est menacée, les parents doivent intervenir. Le danger pour l'équilibre psychologique peut être tout aussi sérieux que le danger physique, et les parents doivent décider d'intervenir ou non dans un cas d'intimidation verbale ou relationnelle. Si l'abus des pairs se poursuit après que votre enfant a tout fait pour y mettre fin, il est alors approprié d'intervenir. Une fois que vous avez bien étudié votre réaction initiale et vos impulsions après avoir appris que votre enfant est la cible d'intimidation, vous devez parler avec votre enfant et l'encourager à s'ouvrir. Pour cela, vous devez demeurer calme, écouter vraiment, le soutenir, accueillir les émotions de votre enfant et l'aider à trouver les solutions possibles. Si vous croyez que votre enfant a provoqué l'intimidation, vous devez lui poser les questions qui vous aideront à découvrir ce qui se cache derrière ce comportement.

Soyez calme

Quand vous décidez d'agir, vous devez vous souvenir de demeurer calme. Évidemment, il est difficile de rester calme quand votre enfant est blessé psychologiquement ou physiquement. En colère, vous aurez peut-être envie de courir chez les parents de l'enfant qui intimide, de leur dire leur fait et de régler la question. Pis encore, vous voudrez peut-être trouver l'enfant qui intimide et faire de même. La colère est compréhensible, mais irrationnelle. Une action précipitée envenimera probablement le problème.

Malgré votre colère, vous devez manifester vos sentiments clairement, sans porter de jugement. Votre tâche est d'apprendre à votre enfant que vous croyez en lui et, pour ce faire, mieux vaut adopter un comportement calme et intéressé. Quand vous parlez avec votre enfant, ne dénigrez pas l'enfant qui intimide et ne lui accolez pas d'étiquettes. En fait, vous ne devriez même pas employer le mot intimidateur pour parler de l'enfant qui intimide. Au lieu de cela, appelez-le par son nom. Affirmez clairement que personne n'a le droit de maltraiter un autre individu et que l'enfant qui intimide a tort de maltraiter votre enfant, mais n'exprimez pas d'agressivité vous-même. Les techniques d'affirmation de soi dont nous parlerons dans le prochain chapitre, techniques que vous lui enseignerez vous-même, vous aideront à garder votre calme dans cette situation difficile.

L'exemple qui suit montre comment vous pourriez réagir calmement si votre enfant était harcelé physiquement : « Je suis très en colère contre Joey pour t'avoir frappé comme il l'a fait, et je suis triste que cela te soit arrivé. Voyons ce que nous pourrions faire dans le cas de Joey. »

Parfois, il peut être utile de partager un cas d'intimidation dont vous étiez la cible et dont vous vous êtes sorti avec succès. Cet incident peut aussi bien avoir eu lieu pendant votre enfance ou à l'âge adulte, même s'il est plus facile pour l'enfant de s'identifier à un incident de votre enfance. En partageant ainsi, vous aidez votre enfant à se sentir moins seul avec son problème et vous lui donnez l'impression que vous le comprenez vraiment.

Une mère a partagé sa propre expérience d'intimidation verbale avec sa fille : « Je suis triste que Jane t'ait traitée de grosse. Je suis aussi en colère contre Jane parce qu'elle t'a traitée ainsi. Tu me sembles vraiment blessée. Je sais ce que tu ressens parce qu'une chose semblable m'est arrivée quand j'avais ton âge. Aimerais-tu que je te raconte comment j'ai réglé le problème? »

Offrez votre soutien et accueillez les sentiments de votre enfant

Sachez que, si votre enfant est la cible d'intimidation, cela peut l'affecter sérieusement et qu'il lui faut beaucoup de courage pour en parler. Les cibles d'intimidation éprouvent souvent de la colère, de la tristesse et de la peur, et il est essentiel que les parents accueillent ces sentiments. Votre enfant doit savoir que ce qu'il éprouve est valable, même si sa façon de gérer ses sentiments ou de régler le problème est inappropriée. S'il sent que ses sentiments sont bien reçus, l'enfant est encouragé à parler de l'intimidation et à explorer diverses façons d'y répondre. C'est exactement le contraire qui se produit quand les sentiments sont écartés ou considérés comme des obstacles à la résolution du problème. Quand les parents interrompent un enfant et lui disent de ne pas ressentir ce qu'il ressent, ils lui disent directement de ne pas se fier à sa propre expérience. Les sentiments sont là, qu'on les exprime ou non, ou qu'on les refoule. Ils sont à l'origine de bien des dépressions chez les enfants. On dit souvent aux filles de ne pas se mettre en colère et on enseigne souvent aux garçons « que les grands garçons ne pleurent pas ». Ces messages n'aident pas et peuvent même nuire aux enfants.

Assurez-vous que votre enfant sait que vous prenez ses paroles au sérieux et que vous ne sous-estimez ni ses émotions ni l'importance de l'intimidation. Ne riez pas et ne prenez pas à la légère ce que votre enfant vous dit, même si cela vous semble peu important. Si vous êtes bouleversé d'apprendre qu'il y a eu intimidation, assurez-vous de ne pas tomber dans le piège de donner toute la place à vos émotions au point d'ignorer celles de votre enfant. Vous êtes peut-être tellement en colère contre l'instigateur et vous voulez tellement protéger votre enfant que vous sentez le besoin de régler le problème, même si votre enfant est capable de trouver une solution par lui-même.

Quand on reconnaît les sentiments d'un enfant, celui-ci se sent valorisé, et donc capable d'examiner et de régler le problème. Vous pourriez être mal à l'aise d'entendre votre enfant exprimer des émotions fortes, mais le fait qu'il soit prêt à les exprimer montre sa force. Quand votre enfant vous dit qu'il est en colère, triste ou qu'il a peur, n'oubliez pas que ces sentiments sont tout à fait légitimes.

La colère est légitime

Une manifestation appropriée de la colère peut aider votre enfant à se prendre en main pour se défendre. La colère ressemble à de l'essence. Vous pouvez en mettre quelques litres dans un contenant, l'allumer et vous obtenez une explosion – forte, potentiellement dangereuse, mais à toutes fins utiles, une perte totale d'énergie. Vous pouvez prendre la même quantité d'essence, la mettre dans le réservoir de votre automobile et vous rendre quelque part. La colère est toujours puissante et, si on la comprend bien et si on l'exprime de façon appropriée, elle peut faire des miracles pour un enfant qui est une cible d'intimidation. Les parents peuvent démontrer la bonne attitude face à la colère. Voici un exemple qui montre d'abord une réponse de non-acceptation, puis une réponse d'acceptation de la colère :

Non-acceptation de la colère	*Acceptation de la colère*
CARLOS : « J'aimerais battre Joey. Il ne cesse de me crier des noms. »	CARLOS : « J'aimerais battre Joey. Il ne cesse de me crier des noms. »
PÈRE : « Ne dis pas ça. Si tu n'as rien de gentil à dire, tais-toi. »	PÈRE : « Carlos, je comprends ta colère et c'est correct. Cependant, j'aimerais que nous parlions d'autres choses que tu peux faire quand tu es en colère. »

LA TRISTESSE EST LÉGITIME

L'expression de la tristesse est une façon de dire qu'on a perdu quelque chose d'important. Dans le cas des cibles d'intimidation, c'est peut-être le respect de soi ou un sens d'appartenance. Avant que votre enfant soit en mesure d'examiner des manières de se remettre de sa perte, il a besoin de la vivre pleinement. Comme on dit en thérapie, « Le chagrin est l'émotion curative. » Ce n'est qu'après avoir exprimé son chagrin qu'une personne est libérée pour trouver des moyens de gérer sa perte. Si votre enfant est triste et a besoin de pleurer, laissez-le faire. Dans notre société, ceci est particulièrement important pour les garçons parce qu'on leur enseigne trop souvent que les garçons ne sont pas censés pleurer. Voici un exemple, d'abord de non-acceptation, et d'acceptation de la tristesse :

Non-acceptation de la tristesse	*Acceptation de la tristesse*
JULIE : « Personne ne m'aime à l'école. »	JULIE : « Personne ne m'aime à l'école. »
MÈRE : « Ça ne peut pas être si grave que ça. Tu exagères toujours. »	MÈRE : « Tu as l'air triste. Tu ne dois pas te sentir bien en pensant que personne ne t'aime. Tu veux en parler? »

La peur est légitime

Il est normal d'avoir peur de quelqu'un qui vous menace verbalement ou physiquement. Souvent, nous donnons aux enfants, particulièrement aux garçons, le message que seules les poules mouillées ont peur. Parler de la peur ne veut pas dire que votre enfant ne peut pas faire face au problème. Quand vous acceptez la peur, vous aidez votre enfant à reconnaître que c'est un sentiment normal. Cette constatation lui donnera la confiance nécessaire pour envisager le problème avec assurance. Il est possible que vous vouliez lui parler de la fois où quelqu'un vous a blessé et vous a fait peur, et comment la chose s'est arrangée quand vous avez décidé de faire face au problème directement. Voici un exemple qui démontre tout d'abord la non-acceptation, suivie d'une réponse où la peur est acceptée :

Non-acceptation de la peur	*Acceptation de la peur*
NICK : « J'ai peur d'aller à l'école. Je ne veux pas me faire battre encore une fois. »	NICK : « J'ai peur d'aller à l'école. Je ne veux pas me faire battre encore une fois. »
MÈRE : « Il n'y a pas de raison d'avoir peur. Ignore simplement ces garçons et ils ne t'importuneront pas. »	MÈRE : « Je comprends la raison de ta peur. Personne ne veut se faire battre. Aimerais-tu parler de certaines façons de faire face à ces garçons afin que tu te sentes plus en sécurité à l'école? »

Écoutez vraiment

Quand votre enfant vous dit qu'il est abusé par ses pairs, vous devriez pratiquer l'écoute réflective pour que votre enfant se sente vraiment compris. Cette écoute porte aussi le nom *d'écoute active* et demande d'écouter attentivement et de façon neutre pour percevoir les sentiments de l'enfant afin de lui refléter ensuite ce qu'il a dit. Accordez toute votre attention à votre enfant en cessant toute activité. Si cela vous est impossible à ce moment-là, dites-lui que vous lui parlerez dès que vous serez libre. Assurez-vous que la sonnerie du téléphone, ou le son de la télévision ou de la radio, ne vous distrait pas pendant votre conversation avec votre enfant, et regardez-le bien dans les yeux. Demandez des détails pour être pleinement au fait de ce que votre enfant vit. Dans les exemples qui suivent, une mère parle avec sa fille :

Écoute non active	*Écoute active*
SUSIE : « Megan est méchante. Elle m'a traitée de “grosse truie” et n'a pas voulu que je joue au ballon-chasseur. Les autres filles ont ri de moi. »	SUSIE : « Megan est méchante. Elle m'a traitée de “grosse truie” et n'a pas voulu que je joue au ballon-chasseur. Les autres filles ont ri de moi. »
MÈRE : « Tu connais Megan. Ignore-la. Combien de fois faudra-t-il reparler de ceci? »	MÈRE : « Tu as dû te sentir écartée. Ça fait mal de se faire crier des noms comme ça et aussi quand les autres enfants en rient. Aimerais-tu en parler un peu plus? »

Remarquez comment l'écoute non active diminue l'importance des émotions et de l'expérience vécue par Susie. Ne pas accorder d'importance aux émotions d'un enfant ou à ses perceptions, c'est lui donner l'impression que ce qu'il ressent et vit ne compte pas. L'enfant se sent de nouveau rejeté, ce qui est la dernière chose dont il a besoin après avoir subi le rejet de ses pairs. De plus, la mère de Susie tente de régler le problème à sa place en lui proposant une solution immédiate.

Il est souvent normal que les parents veulent agir et régler le problème, mais ce dont votre enfant a besoin de savoir, c'est que vous l'avez entendu, que vous comprenez ce qu'il ressent et qu'il est justifié de ressentir ces sentiments. Cela lui donne le message implicite qu'il ou elle est *normal(e)* – qu'il ou elle n'est pas le problème – peu importe ce que disent ou font les autres, et qu'il ou elle est capable de trouver des moyens efficaces pour réagir à l'intimidation.

Aidez votre enfant à trouver des solutions possibles

Vous ne devez pas oublier que l'intimidation est le problème de votre enfant, pas le vôtre. Vous pouvez donner à votre enfant de l'amour inconditionnel et lui dire que vous avez confiance en ses talents, mais c'est lui qui devra faire les efforts nécessaires pour mettre fin à l'intimidation. Ne critiquez pas la manière dont il s'y est pris jusqu'ici. Il est important que votre enfant sache que vous êtes là pour lui et prêt à l'aider de toutes les manières possibles.

Aidez votre enfant à découvrir des solutions au problème. Une bonne façon de faire jaillir les idées est de tenir une séance de remue-méninges au cours de laquelle vous et votre enfant trouvez le plus d'idées possibles. Lorsqu'il trouve une idée pour contrer l'intimidation, félicitez-le pour son ingéniosité. Écrivez-les toutes, peu importe qu'elles soient bonnes ou mauvaises. Certaines seront idiotes ou même dangereuses, mais en notant chacune d'elles, votre enfant aura l'impression qu'il a le contrôle sur les actions qu'il choisira finalement d'entreprendre. C'est important pour deux raisons. Premièrement, il est plus susceptible d'adopter et d'essayer ses propres suggestions. Deuxièmement, si vous fournissez toutes les suggestions, votre enfant n'apprendra pas à avoir confiance en son jugement. Vous ne serez pas toujours là pour lui apporter des suggestions, et votre enfant doit apprendre à penser par lui-même.

Les idées suivantes sont souvent utiles à un enfant qui doit répondre à l'intimidation. Si votre enfant ne les trouve pas pendant votre séance de remue-méninges, vous pourriez en glisser une ou deux et demandez à votre enfant de vous expliquer comment il ou elle pourrait les mettre en pratique.

- Parle à une autre personne à proximité, comme si l'enfant intimidateur n'était même pas là.
- Essaie de ne pas être seul dans un endroit qui pourrait être dangereux, comme les vestiaires, les salles de toilette ou les classes vides. Reste avec un groupe, même si ces jeunes ne sont pas tes amis.
- Si un enfant te demande de lui donner ton argent ou un de tes biens, fais-le, puis rapporte-le. La prudence avant tout.
- Sois d'accord avec l'enfant qui intimide. Dis « Tu as raison », puis éloigne-toi.
- S'il le faut, évite l'enfant qui intimide. Prends un chemin différent pour rentrer à la maison et évite les endroits que cet enfant fréquente.
- Encourage-toi. Par exemple, dis-toi : « Je sais que ce que tu dis de moi n'est pas vrai. J'aime qui je suis. »
- La bataille n'est pas une solution. Les enfants qui intimident ont tendance à se battre de façon déloyale et tu pourrais te faire blesser.

- Si tu es en danger physiquement, demande l'aide d'un adulte.
- N'oublie pas que l'enfant qui intimide cherche à obtenir une réaction. Si tu peux apprendre à agir comme si cela ne te dérangeait pas, il cessera probablement de t'intimider.

Analysez chacune des options avec votre enfant. Aidez-le à éliminer celles qui peuvent envenimer le problème, le mettre en danger ou provoquer la violence. Assurez-vous que votre enfant comprend bien pourquoi vous considérez certaines idées inacceptables, pour ensuite vous concentrer sur celles qui sont utiles et positives. Souvent, un enfant trouvera une solution partielle. Un enfant a écrit : « Sois vraiment amical et, ensuite, s'il se montre amical à son tour, dis-lui une grosse injure. » Dans un tel cas, concentrez-vous sur l'aspect positif – être amical, ce qui peut être efficace auprès de certains enfants qui intimident – pour ensuite discuter des raisons qui font que les injures, qui peuvent vous faire sentir bien pendant un instant, peuvent mener à d'autres problèmes et même être dangereuses.

Aider votre enfant pourrait vouloir dire discuter avec le directeur de l'école ou d'autres autorités. Assurez-vous de bien saisir jusqu'où votre enfant désire que vous vous impliquiez directement. Il arrive que les enfants croient que l'intervention d'un parent renforcera l'intimidation. Si l'intimidation ne comporte pas de dommage physique ou émotif important ou des menaces sérieuses de sévices physiques, il est souvent plus approprié de respecter le désir de votre enfant de ne pas vous impliquer activement.

Cependant, dans les cas de menaces sérieuses ou de blessures physiques ou morales graves, il est souvent nécessaire d'intervenir.

Aidez les cibles provocatrices de l'intimidation

Si vous avez raison de croire que votre enfant peut être une cible provocatrice, il est important de bien comprendre son point de vue pour déterminer le choix de vos actions. Commencez par aider votre enfant à identifier les comportements qui poussent l'enfant qui intimide à réagir. Votre enfant le frappe-t-il? Lui dit-il des injures? Suit-il l'autre enfant ou envahit-il son espace personnel? Prend-il des choses sur le pupitre de l'autre enfant?

Ensuite, demandez à votre enfant : « Pourquoi fais-tu cela? Comment voudrais-tu que Jesse réagisse à ta façon d'agir? Expliquez-lui que nous avons toujours une raison pour agir, et parfois nous posons des gestes qui nous causent des difficultés parce que nous ne pensons pas à toutes les alternatives. Votre enfant pourrait ignorer pourquoi il agit ainsi. Vous devez donc lui présenter une série de raisons possibles et voir si votre enfant peut s'identifier à l'une d'elles en particulier. Donnez suffisamment de temps à votre enfant pour réfléchir à vos idées. La liste suivante, qui contient les motivations courantes d'un comportement provocateur, pourrait vous aider à guider votre discussion.

L'enfant pourrait vouloir...

Recherche d'attention	*Recherche d'excitation*	*Recherche de vengeance*
Une façon de se faire des amis	Une façon de créer de l'agitation	Une façon de rendre furieux l'enfant qui intimide
...	...	...
Une façon d'être « cool » ou populaire	Une façon de s'amuser	Une façon de se venger (soit de l'instigateur, soit des spectateurs, ou soit des adultes qui n'ont pas agi)

AIDER L'ENFANT QUI RECHERCHE L'ATTENTION

Les enfants qui ont soif d'attention au point de risquer les réactions d'un enfant intimidateur ont une faible estime d'eux-mêmes. Ils n'ont pas appris les bonnes façons de combler leur besoin d'être reconnus, et ont appris qu'ils peuvent en obtenir beaucoup s'ils provoquent un intimidateur.

Ceux qui recherchent l'attention pourraient erronément s'identifier à un enfant qui intimide. Si la cible se sent faible et impuissante, fréquenter un enfant agressif – même si ce n'est que pour subir ses abus – peut aider la cible à se sentir plus puissante, du moins temporairement, même si en fin de compte ce comportement va à l'encontre du but recherché. En jouant au chat et à la souris avec l'enfant qui intimide, la cible s'identifie à celui-ci et sent qu'elle fait partie de l'univers de l'autre enfant.

L'enfant qui recherche l'attention a besoin d'apprendre à bien se sentir dans sa peau et à se sentir fort d'une manière socialement acceptable et saine. Aidez votre enfant à découvrir et à utiliser ses forces et intérêts cachés pour qu'il se sente bien dans sa peau sans avoir à chercher l'attention des autres. Les informations contenues dans le chapitre 7 sur la création d'une saine estime de soi et sur la façon de se faire des amis seront particulièrement utiles à votre enfant.

Aider l'enfant qui recherche l'excitation

Ceux qui recherchent l'excitation agissent impulsivement sans souci apparent pour les conséquences. Leurs habiletés à anticiper sont faibles et on doit leur apprendre à bien identifier les conséquences probables de leurs actions et à faire des choix intelligents avant d'agir. Demandez à votre enfant quels sont les moyens par lesquels il peut trouver un stimulant et du plaisir qui soient productifs et sans conséquences, comme le risque d'agacer un enfant susceptible d'intimider. Pour aider votre enfant à apprendre à prévoir les conséquences possibles de son comportement, vous pouvez faire un jeu de rôles, échangeant le rôle de l'enfant qui intimide et de la cible. Demandez, « Qu'arriverait-il si...? » Comme un des problèmes sous-jacents les plus communs des enfants qui recherchent l'excitation est un déficit d'attention/hyperactivité (DA/H), il est important de demander à un professionnel en santé mentale d'évaluer si le DA/H ne pourrait pas contribuer au comportement provocateur de votre enfant.

AIDER L'ENFANT QUI RECHERCHE LA VENGEANCE

L'enfant qui cherche à se venger se sent souvent aliéné, incompris et en colère parce que les gens qui devraient l'aider ou intervenir – ses pairs, les adultes, incluant les enseignants, les autres membres du personnel de l'école, et peut-être même ses parents – ne le font pas. Le désir de vengeance pourrait s'étendre non seulement aux enfants qui intimident, mais aussi aux gens que la cible blâme de ne pas se soucier d'elle ou de ne pas l'aider. L'enfant qui cherche à se venger peut tomber dans des fantasmes violents qui impliquent des conséquences graves.

Il peut être utile de discuter ouvertement des sentiments ressentis par la cible. Parfois, tout ce dont une cible provocatrice en colère a besoin, c'est qu'on l'écoute sérieusement et qu'on l'aide à prendre les mesures nécessaires pour faire cesser toute intimidation. Dans ce cas, le problème de votre enfant pourra probablement être guéri en utilisant activement l'information sur le développement des habiletés contenue dans les chapitres suivants. Toutefois, les enfants qui cherchent à se venger sont souvent très déprimés ou peuvent souffrir d'autres troubles émotionnels qui entravent leur capacité de raisonner, et de tels enfants ont besoin de soins psychiatriques. Si votre enfant parle de faire sérieusement du mal à une autre personne, communiquez immédiatement avec un professionnel en santé mentale.

Maintenant que vous avez appris à aider votre enfant à explorer ses sentiments et que vous comprenez sa perception du problème, ainsi que ce qui pourrait se cacher derrière ses réactions à l'intimidation, et que vous avez fait un remue-méninges pour trouver de nouvelles approches que votre enfant pourrait utiliser pour faire face à l'intimidation, vous êtes prêt à l'aider à passer à l'étape suivante pour affronter activement les problèmes d'intimidation. Le chapitre suivant vous aidera à enseigner à votre enfant comment communiquer avec assurance avec les enfants qui intimident.

Chapitre 6

Apprendre à votre enfant à se défendre sans risque contre l'intimidation

Défends-toi! Ne laisse personne te bousculer! Frappe-le à ton tour! Fais-lui goûter à sa propre médecine! Éloigne-toi! Ignore-la! Face à tant de messages contradictoires, il n'est pas étonnant que les parents et les enfants soient confus quand ils sont confrontés à l'intimidation. La recherche sur l'abus des pairs nous dit constamment comment il est important pour une cible de répondre avec affirmation. L'affirmation de soi fera beaucoup pour protéger votre enfant de l'intimidation. Cependant, nous confondons trop souvent « s'affirmer » et montrer de l'hostilité physique ou verbale envers une autre personne. Nous allons donc étudier ce qu'on entend par *s'affirmer* et comment vous pouvez enseigner cette habileté à votre enfant.

Qu'est-ce que l'affirmation de soi?

Agir en s'affirmant signifie simplement dire à une personne exactement ce que vous désirez – directement, respectueusement et franchement. La plupart des enfants, les plus jeunes en particulier, sont limités dans leur répertoire de réponses à donner en cas de conflit avec leurs pairs. Ils choisissent habituellement une des deux options suivantes : ils se battent ou ils se retirent. Il est important pour tous les enfants d'apprendre à se défendre avec affirmation parce qu'ils deviennent ainsi capables de résoudre une difficulté sans qu'elle dégénère en bataille ou se termine dans l'humiliation. Apprendre l'affirmation de soi est nécessaire dans *toutes les relations* et elle aidera votre enfant à développer de solides amitiés et à prévenir l'intimidation. Le chemin le plus rapide vers une saine estime de soi est de penser ce qu'on dit et de dire ce qu'on pense.

Enseigner l'affirmation de soi signifie que vous aiderez votre enfant à apprendre à répondre intelligemment à la provocation au lieu de laisser quelqu'un le pousser à bout. Il est normal qu'un enfant se sente en colère quand quelqu'un le menace, mais il n'est pas utile d'avoir une réaction agressive. Répondre aux insultes par d'autres insultes ou choisir de se battre envenime souvent la situation. De même, il n'est pas utile de battre en retraite passivement. Quand un enfant recule systématiquement devant toute confrontation, sa peur augmente et il devient ainsi plus susceptible de reculer à nouveau la fois suivante. Il est particulièrement important que les enfants qui tendent à réagir, passivement ou agressivement, apprennent les techniques de l'affirmation de soi, car un enfant qui s'affirme peut, par lui-même, faire face efficacement à plusieurs scénarios d'intimidation.

Regardons le cas d'intimidation d'Éric. Dans le premier scénario, il réagit passivement; dans le second, il est agressif.

■ ■ ■

Réaction passive

Éric est un élève de sixième année, tranquille et studieux, qui mange habituellement avec ses amis le midi. Aujourd'hui, la seule place libre est avec un groupe de garçons de première secondaire qui sont reconnus pour harceler les autres. Dès qu'Éric commence à manger, un des garçons en face de lui fait des bruits grossiers en buvant. Éric le regarde. Le garçon lui dit « Qu'est-ce que tu regardes, pédale? » et il se met à rire avec ses amis. Éric, qui se sent humilié et en colère, regarde son assiette. Il se sent encore plus mal quand les autres continuent de le harceler verbalement, et il continue d'essayer de les ignorer.

Réaction agressive

Quand Éric s'assoit et que le garçon en face de lui lui dit « Qu'est-ce que tu regardes, pédale? », Éric lui lance son cabaret à la figure. Le garçon qui l'a insulté se lève, fait le tour de la table, attrape Éric par les épaules, le jette à terre et commence à le frapper.

■ ■ ■

Dans le premier scénario, Éric ne voyait aucune façon de faire cesser le harcèlement et il a tenté de se retirer de la situation. Comme la plupart des enfants qui ont une réaction passive, Éric s'est senti vulnérable, dépassé, peureux et honteux. Plus souvent sa réponse sera passive, plus il lui sera difficile de croire en lui-même et en sa capacité de faire face efficacement aux conflits. Lorsqu'il répond avec agressivité, il encourt le risque de se faire blesser physiquement.

Toute personne qui, comme Éric, a déjà été intimidée, sait que cela peut être affolant, mais confronter avec affirmation une personne qui intimide est la meilleure façon de s'assurer que la situation ne se répètera pas. Les cibles d'intimidation doivent savoir qu'elles peuvent se défendre sans risquer d'être physiquement blessées.

Enseigner l'affirmation de soi à votre enfant

L'affirmation de soi est une qualité qui peut s'apprendre et se pratiquer à la maison, pour que votre enfant sache quoi faire dans le cas où il doit faire face à un enfant qui intimide. Votre enfant devrait aussi savoir quand il est mal à propos d'affronter un enfant qui intimide. Parfois, il est plus astucieux de choisir d'autres solutions. Il faut du temps pour apprendre à s'affirmer et vous devez commencer au niveau où se trouve votre enfant.

Il arrive que des enfants pleurent quand ils sont harcelés. Cette réaction est certes normale. Avoir affaire à une personne agressive fait peur. Cependant, quand certains enfants qui intimident voient un enfant pleurer ou avoir peur, c'est comme si on agitait un chiffon rouge devant un taureau. Il est utile qu'un enfant puisse se pratiquer à avoir l'air imperturbable devant la confrontation. Ce n'est pas si difficile quand vous aidez votre enfant à comprendre qu'il lui suffit seulement d'en *avoir l'air.* Un enfant peut paraître confiant tout en ayant peur intérieurement. Un des avantages d'avoir l'air confiant est que cela amène souvent un véritable sentiment de confiance. Le langage corporel assuré et confiant d'un enfant peut même l'aider à éviter de devenir la cible d'un comportement intimidateur.

Langage corporel confiant

Les jeunes peuvent se sentir plus confiants, et en avoir l'air, en appliquant certaines règles dans la posture, la démarche et le contact visuel.

Posture

Souvent, les cibles se tiennent ou s'assoient comme si elles voulaient se rendre invisibles, comme si elles disaient : « S'il vous plaît, ne me remarquez pas. Je vais simplement me cacher ici en attendant que vous partiez. » Une des façons de faire des cibles est de marcher le dos voûté, ce qui leur donne un air de faiblesse. Évidemment, ce comportement est aussi inefficace que celui d'une autruche se mettant la tête dans le sable alors que le reste de son corps reste bien en vue.

Que faire? Demandez à votre enfant de s'exercer à se tenir droit, la tête haute et les épaules droites. Cela donnera à votre enfant et à tout intimidateur en puissance une impression de confiance et le sentiment que votre enfant a le droit d'être là.

DÉMARCHE

Les cibles ont tendance à marcher très rapidement ou avec hésitation. Ces deux démarches donnent une impression d'incertitude et de crainte.

Que faire? Apprenez à votre enfant à marcher droit d'une foulée décontractée. Pratiquez la marche d'un pas confiant et calme avec votre enfant.

CONTACT VISUEL

Les cibles, particulièrement celles qui sont gênées, ont tendance à faire peu de contact visuel avec les gens qu'elles ne connaissent pas ou en présence desquels elles se sentent inconfortables. Elles marchent les yeux rivés au sol et font un effort conscient pour ne pas regarder les gens en leur parlant. C'est une autre façon qu'ont les enfants de se rendre invisibles aux instigateurs d'intimidation potentiels, mais au lieu de se protéger, ils se désignent eux-mêmes comme des cibles en paraissant faibles et craintifs.

Que faire? Faites pratiquer votre enfant à regarder droit devant lui quand il marche. En regardant plus haut, l'enfant se sent plus confortable et détendu parce qu'il est plus conscient de ce qui se passe autour de lui. Quand il croise d'autres personnes, faites-le s'exercer, de temps à autre, à les regarder brièvement et calmement, comme s'il s'agissait d'amis. Les enfants gênés peuvent se pratiquer à regarder d'autres personnes et à sourire en leur parlant. Il est important que votre enfant fasse la différence entre un contact visuel approprié et le fait de dévisager quelqu'un, parce que dévisager peut être interprété comme un geste de confrontation, particulièrement par les enfants qui intimident.

Éléments constitutifs de l'affirmation de soi

En plus d'un air confiant, votre enfant aura besoin de connaître les quatre éléments constitutifs de l'affirmation de soi.

1. **Soyez direct, respectueux et honnête.** Même s'il est normal d'éprouver de la colère face à l'intimidation, une réaction physique ou verbale ne fait qu'envenimer le problème, et l'acceptation passive d'un comportement intimidateur ne règlera pas le problème non plus. S'affirmer signifie être direct, respectueux et honnête. Sur l'échelle des comportements, l'affirmation de soi se situe entre l'agressivité et la passivité.

   Passivité ——— Affirmation ——— Agressivité

   L'exemple qui suit vous donnera une bonne idée des réponses des enfants qui se situent aux extrêmes ou au centre de l'échelle. Les enfants réagissent à un enfant qui leur a pris leur balle.

   Passive : « Tu peux garder la balle, j'irai jouer ailleurs. »

Affirmative : « S'il te plaît, rends-moi la balle. »

Agressive : « Donne-moi cette maudite balle! »

Comme vous pouvez le constater, l'affirmation est une expression claire et respectueuse des besoins qui permet à l'enfant de conserver son estime de soi sans confrontation ni soumission.

Les enfants sont habituellement tellement pris dans leur colère quand ils font face à une personne agressive qu'ils ont tendance à vouloir crier contre elle, la blâmer, la critiquer, la nier et la déshumaniser. Le désir d'attaquer est naturel, mais les attaques ne règlent rien. Elles ne font qu'envenimer les situations.

Apprenez à votre enfant l'importance de traiter les autres avec respect, ce qui est, nous en convenons, difficile. Quand une cible refuse de se laisser aller à la forte envie naturelle de retourner le manque de respect, l'enfant qui intimide a plus tendance à écouter. Enseignez à votre enfant à ne pas lancer d'injures, à ne pas provoquer de batailles, et à ne pas chercher un moyen ingénieux d'être méchant ou cruel envers l'autre enfant pour se venger.

2. **Restez à bonne distance.** Personne n'aime qu'on envahisse son espace personnel. Une telle intrusion met certains enfants qui intimident encore plus en colère. Enseignez à votre enfant à se tenir à environ 2 mètres quand il veut s'affirmer. Cette distance empêchera l'autre enfant de se sentir mis au défi et protégera votre enfant si l'enfant qui intimide décide de frapper physiquement.

3. **Évitez tout contact physique.** Les enfants peuvent passer rapidement de l'affirmation aux coups, à la bousculade. S'affirmer signifie *aucun* contact physique. Céder à l'envie de se battre peut mettre votre enfant dans une situation dangereuse.

4. **Utilisez les « messages-en-je ».** Quand les enfants sont en colère l'un contre l'autre, les « messages-en-tu » se mettent à voler. « Tu es un voyou », « Tu es un imbécile », « Tu es une femmelette », « Tu pues », « Tu es gros », « Tu es un perdant. » Les messages-en-tu sont des messages qui blâment, qui humilient et ils contribuent à l'escalade de la dispute. Un message-en-je, au contraire, est une communication directe, respectueuse, honnête et non provocatrice. Pour envoyer un message-en-je, l'enfant dit simplement ce qu'il ressent et ce qu'il veut. En utilisant un message-en-je, la cible dit qu'elle ne mérite pas ce traitement injuste et qu'elle refuse l'opinion négative de l'enfant intimidateur. Amenez votre enfant à utiliser des messages-en-je au lieu des messages-en-tu.

Vous pouvez lui enseigner ce modèle d'un message-en-je efficace : « **Je n'aime pas ce que tu dis (ou fais) et je veux que tu arrêtes.** » Il est préférable pour votre enfant qu'il dise précisément ce qui l'ennuie pour que l'instigateur comprenne. « Je n'aime pas que tu dises que je suis gros, et je veux que tu arrêtes » ou « Je n'aime pas ça quand tu te moques de mes vêtements, et je veux que tu arrêtes » ou « Je n'aime pas que tu te moques de ma famille et je veux que tu arrêtes. »

Plusieurs adultes ont appris à envoyer des messages-en-je dans lesquels ils expriment clairement leurs émotions (tristesse, colère, blessure) en réponse précise à ce que l'autre personne a fait. Je ne crois pas nécessaire que les enfants doivent inclure leurs émotions – particulièrement les jeunes enfants – dans leurs messages-en-je, pour plusieurs raisons. D'abord, il peut être très difficile pour un enfant de savoir clairement ce qu'il ressent au cours d'une situation d'abus des pairs. Ensuite, le fait de dire à l'enfant qui intimide comment la cible en est affectée émotivement ne pourrait que jeter de l'huile sur le feu. L'instigateur aimerait peut-être savoir que ses taquineries ont les résultats escomptés. Du moment que l'enfant affirme directement, respectueusement et honnêtement qu'il n'aime pas ce que fait l'enfant qui intimide et qu'il souhaite que cesse l'abus, le message-en-je sera efficace.

Revenons à l'expérience d'Éric à la cafétéria. Au lieu de se dérober face à ses bourreaux ou d'aggraver la situation par une réponse agressive, Éric aurait pu dire : « Je n'aime pas ce que tu dis et je veux que tu cesses. » Si les garçons continuent de le harceler, il peut alors se lever et partir. Ce n'est pas être lâche que partir après leur avoir demandé d'arrêter. C'est intelligent. Il ne se sent plus honteux maintenant qu'il a dit ce qu'il avait à dire. S'ils n'écoutent pas, c'est leur problème, pas le sien.

Quand faut-il tenir tête à un enfant qui intimide?

Les enfants qui intimident aiment harceler les cibles isolées, mais ils auront plus tendance à agir ainsi quand ils sont en compagnie d'autres, particulièrement d'autres enfants qui intimident. Si votre enfant peut parler à l'enfant qui intimide quand celui-ci n'a pas d'auditoire de pairs qui l'encouragent à harceler, il sera plus porté à écouter votre enfant de façon empathique. N'encouragez jamais votre enfant à parler en privé avec un enfant intimidateur s'il ne se sent pas en sécurité ou si l'enfant intimidateur a la réputation d'être physiquement violent. Autrement, le meilleur moment pour votre enfant de s'affirmer est en l'absence d'intimidation et quand il est à proximité de gens qui lui sont favorables, préférablement ses amis.

Dans l'exemple qui suit, Michael a bien choisi le moment et l'endroit pour faire face à John. Remarquez comment il intègre bien un langage corporel confiant et les éléments de l'affirmation de soi.

MICHAEL : (dans le corridor, après l'école, à la vue d'un enseignant et de quelques amis de Michael, qui se tiennent debout aux casiers à environ six mètres) « John, j'aimerais te parler une minute. »

JOHN : « Ouais! Quoi? »

MICHAEL : (d'une voix ferme, le regardant dans les yeux, se tenant droit, les épaules en arrière, à deux mètres environ de John) « Je sais que tu aimes rire de moi parce que je suis gros. Mais je veux que tu cesses. »

JOHN : (d'un ton fanfaron et effronté) « Hé! Je dis ça juste pour rire. »

MICHAEL : (toujours en pratiquant le langage corporel confiant) « Peut-être, mais ce n'est pas amusant pour moi. Je gage que tu n'aimerais pas que quelqu'un rie de toi. »

Cette conversation peut prendre plusieurs directions. John pourrait simplement ignorer la demande de Michael, ou même recommencer sur-le-champ à le harceler, ou il pourrait respecter le courage de Michael, et lui dire qu'il regrette et promet de cesser de l'intimider. Quelle que soit l'issue, Michael a fait un grand pas pour vaincre l'humiliation en tenant tête à John. Ayant préservé son estime de soi lors de cette expérience, Michael pourra sans doute s'affirmer avec plus de confiance lors d'un prochain affrontement avec John si l'intimidation continue.

Il y a des cas où il n'est pas prudent de s'affirmer face à un enfant intimidateur. Aidez votre enfant à identifier les cas où s'affirmer n'est pas un choix sage pour ainsi éviter d'être blessé ou d'envenimer la situation. Un enfant ne devrait pas confronter un enfant intimidateur dans les situations suivantes :

- quand il est menacé de violence physique;
- quand il fait face à un groupe d'instigateurs;
- quand il ne se sent pas en sécurité.

Dans ces cas, il serait plus utile que l'enfant adopte une des stratégies suivantes :

Demander l'aide d'un adulte. Souvent l'aide d'un adulte reste la meilleure solution. Un enfant devrait informer un enseignant ou un autre adulte en autorité quand il a besoin d'aide.

Utiliser une manœuvre de distraction. Parfois, une cible peut échapper à une situation menaçante en attirant l'attention de l'instigateur sur autre chose. Un enfant pourrait dire : « Viens, nous allons être en retard » ou « Attention, quelqu'un vient. » Un enfant cible pourrait inventer une situation pour faire croire à l'intimidateur qu'il court un risque de se faire prendre. Par exemple : « J'ai vu M. Jones qui s'en venait par ici tout à l'heure. »

S'éloigner de la situation. Un enfant devrait s'éloigner en marchant ou en courant d'une situation menaçante le plus rapidement possible pour aller chercher de l'aide. Si votre enfant ne peut s'échapper et qu'il se sent menacé, dites-lui de crier « Au feu! », ce qui est le plus susceptible d'attirer l'attention d'un passant.

Pratiquer l'affirmation de soi

L'affirmation de soi devient plus facile lorsqu'on s'y exerce. Amenez votre enfant à s'exercer à adopter une attitude confiante et à pratiquer les éléments constitutifs de l'affirmation de soi pour qu'il soit prêt quand il y aura de la pression. Demandez à votre enfant de vous répéter mot à mot ce que lui a dit l'enfant intimidateur et aidez-le à préparer ses messages-en-je pour utilisation lors de la prochaine situation d'intimidation. Il est difficile pour un enfant de se souvenir d'utiliser un message-en-je quand il est harcelé par un autre enfant, mais les messages-en-je deviendront une seconde nature pour lui s'il les répète à la maison. Amenez votre enfant à choisir ce qu'il voudrait répondre la prochaine fois qu'il y aura confrontation, et répétez ces réponses dans un jeu de rôles. Votre enfant et vous pouvez tour à tour jouer le rôle de la cible et de l'instigateur, et vous pourrez vous conseiller l'un l'autre sur la manière de procéder.

Malheureusement, l'affirmation de soi n'arrêtera pas toujours l'enfant intimidateur. Parfois, un enfant devra éviter l'enfant intimidateur, utiliser une distraction ou demander l'aide d'un adulte. L'affirmation de soi évite à l'enfant ciblé d'accepter le jugement négatif de l'enfant intimidateur, alors cela *aidera* votre enfant à ne pas développer un sentiment d'humiliation. Cette attitude ouvre la voie à votre enfant pour développer une saine estime de soi et apprendre comment se faire des amis – deux protections importantes contre l'intimidation.

Chapitre 7

Surmonter les problèmes communs aux cibles de l'intimidation

« Je hais mes cheveux roux! » « Pourquoi faut-il que je sois le seul enfant chinois de l'école? » « J'aimerais être moins intelligent. » « Je n'aime pas aller à l'école. Je n'ai pas d'amis. » Ces plaintes sont courantes chez les cibles chroniques d'intimidation qui ont tendance à éprouver des difficultés plus grandes que la moyenne dans deux dimensions importantes de la vie d'un enfant : se sentir bien dans sa peau, et se faire et garder des amis. Une fois que votre enfant aura appris les bases de l'affirmation de soi, vous pourrez l'aider à combattre encore mieux les effets négatifs de l'abus des pairs au moyen d'exercices pour développer une saine estime de soi et pour apprendre comment se faire des amis.

Développer une saine estime de soi

Chaque enfant, peu importe ses limites physiques, intellectuelles ou émotionnelles, a le droit de savoir qu'il est accepté, sympatique, et profondément estimé. Quand les parents, d'autres adultes, et les pairs envoient des messages qu'un enfant a sa place, il est fort probable que l'enfant développera une saine estime de soi. Les enfants qui ont une saine estime de soi s'acceptent facilement comme ils sont. Ils ne se comparent pas aux autres, ne souhaitent pas être différents ou être quelqu'un d'autre. Ils comprennent que personne n'est parfait, et que leur moi le plus sincère et le plus authentique est la meilleure personne qu'ils puissent être.

Un enfant qui a une faible estime de soi ne ressent pas la même confiance. Les enfants qui sont continuellement les cibles d'abus des pairs développent parfois un doute d'eux-mêmes paralysant et une peur de la critique. Le doute de soi chez ces enfants devient envahissant. Dans leur for intérieur, ils ne se sentent pas à la hauteur, pas seulement parce que leur anatomie, leur race ou leur milieu familial semble soi-disant clocher – ces « défauts » sont souvent utilisés dans les railleries de l'enfant qui intimide. Ils ont honte de *ce qu'ils sont.* Si un enfant est critiqué pour quelque chose sur quoi il peut agir – par exemple, une note F pour n'avoir pas étudié – il comprend qu'il est en faute et qu'il le méritait peut-être. Il peut intégrer cette information et l'utiliser lors du prochain examen, améliorer ses résultats et se sentir plus fier de lui-même. Mais s'il est toujours critiqué pour quelque chose qui lui échappe – comme les traits de son visage, sa taille, son milieu socio-économique, ou son handicap – il pourrait bien commencer à sentir que quelque chose ne va pas avec *qui il est*.

Même si l'abus des pairs peut avoir une influence négative sur l'estime de soi d'un enfant, les parents peuvent, heureusement, faire beaucoup pour contrer ces influences. Voici quelques moyens d'aider votre enfant à améliorer son estime de soi.

Enseignez-lui à avoir une attitude positive

Ne permettez pas à votre enfant de se déprécier.

Les garçons du voisinage s'en sont pris à Ben parce qu'il est un mauvais frappeur. Il se fait retirer sur trois prises presque chaque fois qu'il se présente au marbre et personne ne veut l'avoir dans son équipe. Un jour, en rentrant à la maison, il a dit : « J'en ai assez. Je suis un mauvais joueur de baseball et je ne veux plus jouer, jamais. » Le père de Ben sait que son fils est capable de bien lancer la balle et que quelques garçons le harcèlent constamment au terrain de baseball du voisinage parce qu'il ne frappe pas bien. Depuis quelque temps, Ben s'attarde aux choses qu'il ne fait pas bien, plutôt qu'à celles qu'il réussit.

« Tu sais, Ben, lui dit son père, je ne crois pas que tu sois un mauvais joueur de baseball. Tu es un très bon voltigeur. Tu devrais peut-être passer quelque temps dans la cage des frappeurs, tu pourrais devenir un bon frappeur également. Chacun de nous a des talents naturels pour certaines choses, alors qu'il nous faut travailler plus à développer d'autres talents. Je suis convaincu que, si tu t'exerces, tu pourrais devenir un bon frappeur également. Si nous allions dès ce soir à la cage des frappeurs pour frapper quelques balles? »

Le beau temps suit toujours la pluie et c'est souvent le rôle des parents de le faire réaliser à leur enfant.

Soyez spécifiques et généreux dans vos louanges

Soulignez les succès de votre enfant et louangez-le pour avoir surmonté un défi difficile.

Les cibles d'intimidation se sentent souvent découragées et ne reconnaissent pas leurs réussites. Nous apprécions tous recevoir des encouragements et nous aimons savoir que nos efforts sont reconnus. Pourtant, un enfant n'acquiert pas une saine estime de soi du simple fait que nous reconnaissons chaque petit effort qu'il fait. Plutôt, nous aidons notre enfant à développer l'estime de soi quand nous l'aidons à reconnaître qu'il a surmonté un défi difficile et qu'il en est sorti grandi d'une certaine façon. Il arrive parfois qu'il suffise de s'attaquer à un défi difficile, sans nécessairement réussir totalement, pour que le succès soit là. Tout ce qui est considéré comme un succès dans la vie – au niveau social, intellectuel ou matériel – demande qu'on s'y exerce et qu'on pratique. Au lieu de louanger avec des déclarations vagues et générales, louangez votre enfant pour des succès et des comportements précis, particulièrement si vous savez que ces défis ont été difficiles pour lui. Les exemples suivants vous aideront à faire la différence entre les louanges spécifiques qui aident à développer l'estime de soi et les louanges générales qui sont moins efficaces.

Louanges spécifiques	*Louanges générales*
« Bravo pour ton examen de math. Je sais que tu as vraiment étudié très fort. »	« Tu es un bon élève. »
« J'étais vraiment fier de toi pendant la pièce aujourd'hui. Tu as si bien improvisé quand tu as eu un blanc que je ne crois pas que la salle s'en soit rendu compte. »	« Bon travail aujourd'hui. »

Soyez un chasseur de morosité

Apprenez à votre enfant à penser de façon optimiste.

Bien des gens s'attendent au pire dans la vie; ils sont facilement identifiables. Nous les appelons des pessimistes. Parfois, les enfants avec une faible estime de soi sont pessimistes parce qu'ils se sentent découragés, et une attitude pessimiste éloigne les autres enfants. Si votre enfant a tendance au pessimisme, il ou elle aura de la difficulté à se faire des amis et à les conserver. Enseigner aux enfants à penser de façon optimiste ne veut pas dire qu'ils doivent absolument croire qu'il fera soleil tous les jours et que les roses n'ont pas d'épines, mais ils doivent plutôt être reconnaissants pour la pluie et pour les buissons épineux qui portent des roses. L'optimisme veut dire être réaliste tout en ayant de l'espoir et en regardant les choses du bon côté.

Habituellement, un enfant est pessimiste pour les raisons suivantes :

- L'enfant exagère la vérité pour attirer l'attention d'une autre personne.
- L'enfant essaie d'éviter de faire face à une difficulté.
- L'enfant recherche la sympathie.

Mettez en pratique les trois étapes suivantes pour aider votre enfant à changer sa façon d'aborder la vie lorsqu'il ne voit que le côté noir des choses.

- Pratiquez l'écoute active en portant attention à ce que votre enfant semble ressentir et faites écho à ces sentiments.
- Relevez le langage pessimiste de votre enfant, particulièrement les mots absolus comme *incapable, toujours, jamais, personne, tout le monde.*
- Aidez votre enfant à changer sa perspective d'une situation en la reformulant en termes plus optimistes.

Les exemples qui suivent vous aideront à comprendre comment vous pouvez devenir un chasseur de morosité.

Votre enfant dit :	*Vous dites :*
« *Personne* ne veut jamais jouer avec moi. »	« Il me semble que tu te sens seule et que tu aimerais avoir plus d'amies. Pourtant, Lisa est venue ici juste hier.

« Je suis *incapable* de faire ce problème de math. »	« Tu me sembles très frustrée, mais il faut du temps pour apprendre une nouvelle matière. Je suis certaine que si tu es patiente, tu y arriveras. As-tu essayé d'employer la formule que tu as apprise la semaine dernière? »

Utilisez l'humour

Enseignez à votre enfant à prendre la vie un peu plus légèrement.

L'intimidation chronique a tendance à rendre un enfant sensible, ainsi les cibles d'intimidation ont de la difficulté à rire d'elles-mêmes. Elles ont les nerfs à fleur de peau et elles se sentent obligées d'être toujours sur la défensive. Par contre, si un enfant apprend à rire de lui-même, les enfants qui intimident n'auront pas beaucoup de pouvoir sur lui. Une des meilleures façons pour les cibles de répondre aux enfants qui intimident est de trouver un côté humoristique à leurs propos. Aidez votre enfant à trouver de bons mots drôles, non provocateurs, qu'il pourra rétorquer à l'enfant qui intimide pour détendre la situation.

Donnez l'exemple d'une saine estime de soi en ne vous prenant pas trop au sérieux. Montrez à votre enfant que vous savez rire de vous-même au moment approprié. Votre enfant doit savoir que la vraie taquinerie ne veut pas dire que les autres ne l'aiment pas – en réalité, une taquinerie de bon cœur veut souvent dire justement l'inverse. L'enfant trouvera utile d'apprendre à rire et même à rendre la taquinerie du tac au tac, en demeurant drôle. Vous pouvez, par votre exemple, enseigner à votre enfant comment prendre la vie plus légèrement.

Encouragez votre enfant à prendre des risques raisonnables

Apprenez à votre enfant la valeur d'avoir le courage de faire des erreurs.

Un enfant qui dit « Je n'ai jamais fait ça avant, et je crois que je peux y arriver » fait preuve d'une saine estime de soi. Mais les enfants qui craignent de prendre des risques seront toujours aux prises avec leur estime de soi. Ressentir une véritable impression d'accomplissement en réalisant des choses pour la première fois, en rencontrant de nouvelles personnes et en relevant des défis difficiles est une partie importante de l'estime de soi. Céder à la peur devant de nouvelles expériences ou des défis à relever nuit à la croissance personnelle, alors que l'inverse – faire face à ses peurs directement et faire ce qu'il faut *en dépit* de cette peur – est le moyen le plus sûr de développer la confiance chez un enfant.

Les enfants qui ont été abusés à répétition par leurs pairs croient souvent qu'ils doivent tout faire à la perfection ou pas du tout. Cela entraîne la procrastination et l'angoisse de la performance. Les cibles d'intimidation ont souvent peur de tenter de nouvelles expériences, particulièrement en présence de leurs pairs, à cause de leur crainte du ridicule si elles font une erreur.

Encourager signifie littéralement « donner du courage » à une autre personne, et les parents ont le pouvoir de donner du courage à leurs enfants. Vous pouvez aider votre enfant en lui parlant des défis que vous avez relevés malgré votre peur. Encouragez votre enfant à prendre des risques raisonnables au lieu de prendre la voie la plus facile. Il pourrait, par exemple, se lancer en athlétisme ou pratiquer des activités parascolaires difficiles comme la musique, l'art ou le théâtre; si votre enfant a tendance à être gêné ou retiré, il pourrait passer plus de temps avec d'autres enfants dans des activités sociales comme les scouts ou les camps jeunesse; ou encore s'affirmer devant un enfant qui intimide. Le nouveau venu ne voudra peut-être pas se faire ami avec votre enfant. Il est possible que votre enfant trébuche ou oublie ses répliques lors de la pièce de théâtre au printemps. Votre enfant sera peut-être la pire joueuse de basket de toute l'histoire de l'école. Et puis, peut-être que non. Les enfants qui ont une saine estime de soi ne laissent pas ces facteurs de risque les arrêter.

Une saine estime de soi est la qualité la plus importante chez un enfant. Les parents qui veulent aider leurs enfants à développer leur estime de soi ne se limitent pas à offrir des affirmations, des louanges dithyrambiques ou en leur faisant porter des macarons « Je suis spécial ». L'estime de soi ne s'acquiert pas facilement. Acquérir l'estime de soi est un processus graduel. Il est important que votre enfant voie que vous faites preuve d'une saine estime de soi chaque jour. Mais, probablement plus important encore, vos paroles et vos actions doivent démontrer constamment que vous croyez vraiment, sincèrement, en votre enfant.

Aider votre enfant à se faire des amis

Les enfants qui ont de bons amis ont peu de difficultés avec l'intimidation, car les enfants qui intimident ont tendance à choisir des cibles qui sont socialement isolées. Plus que toute autre chose, le fait d'avoir de bons amis peut aider votre enfant à éviter l'intimidation. Dans plusieurs cas, les enfants qui sont isolés socialement sont d'un tempérament gêné et sont choisis comme cibles parce qu'ils n'ont personne pour les défendre. De tels enfants devront faire des efforts particuliers pour apprendre comment se faire des amis. Voici quelques idées qui pourront aider un enfant qui a de la difficulté à se faire des amis.

Se faire des amis demande du temps et des efforts

Jessica est une enfant timide qui aimerait avoir plus d'amies. C'est la favorite des professeurs. Elle passe la plus grande partie de son heure de dîner seule et parle avec les enseignants à la récréation pendant que les autres enfants jouent. Jessica se fait intimider verbalement. On lui dit qu'elle est stupide parce qu'elle préfère ses enseignants à ses pairs. Après l'école, au lieu d'inviter une autre fille chez elle, elle passe tout son temps après son étude à regarder la télévision. Elle préfère la sécurité des adultes ou l'anesthésie de la télévision au risque de tenter de se faire des amies avec des enfants qu'elle perçoit comme supérieurs à elle socialement. La peur de son infériorité sociale disparaîtrait graduellement si elle faisait des efforts pour pratiquer ses capacités à se faire des amis et qu'elle commençait à voir le succès.

En amitié, comme en toute autre chose de la vie, les succès sont à la mesure des efforts investis. Certains enfants, particulièrement s'ils sont gênés ou déprimés, ne font pas assez d'efforts pour trouver, se faire et conserver des amis. Ils croient que cela devrait être plus facile. Une enfant comme Jessica doit savoir qu'il faut du temps et des efforts pour se faire des amis, et que nos efforts ne réussiront pas chaque fois. Dans le cas d'une enfant gênée, se faire des amis signifie quitter le confort des activités solitaires comme la télévision, les jeux vidéo ou la lecture pour se retrouver avec des pairs. L'enfant qui passe trop de temps dans des activités solitaires perd de précieux moments de plaisir avec ses pairs.

On devrait inciter les enfants qui passent trop de temps seuls à inviter des enfants du même sexe à la maison pour jouer à deux, avec ou sans coucher. Même si des amitiés avec l'autre sexe peuvent être bénéfiques pour les enfants, les garçons et les filles qui ont de la difficulté à se faire des amis seront plus confortables dans leur rôle en développant plusieurs amitiés proches du même sexe.

Pour se faire un ami, il faut être un ami

Les enfants qui ont peu d'amis créent souvent leur propre anxiété en souhaitant constamment que les choses soient différentes plutôt que de prendre les mesures nécessaires pour les changer. Ils enveniment souvent la situation en évitant les activités et les occasions où justement ils trouveraient des amis. Lorsqu'ils se retrouvent avec d'autres enfants au terrain de jeu ou dans leur quartier, ils dépensent toute leur énergie émotionnelle à avoir peur ou à attendre qu'une personne leur témoigne de l'amitié au lieu d'aller eux-mêmes au-devant des autres. Les enfants gênés, particulièrement eux, ont tendance à tellement penser à leur propre anxiété et leur malaise à être en présence d'autres personnes qu'il leur faut faire des efforts énormes pour se faire des amis. Tout comme « le monde aime un amoureux », tout le monde aime un ami. *Agir* amicalement mène à *se sentir* amical, ce qui a pour effet de créer de solides amitiés. Si votre enfant est gêné, encouragez-le à agir amicalement, tout comme vous l'encourageriez à s'affirmer devant les enfants qui intimident. À la maison, il peut s'entraîner à inviter les autres à jouer ou à entreprendre une conservation amicale en regardant l'autre dans les yeux. Quand votre enfant se sentira à l'aise, demandez-lui d'expérimenter ces comportements à l'école.

Soyez bon joueur

La mère de Sasha regarde Hannah sortir en courant de la maison avec son jeu vidéo favori sous le bras.

« Je ne te demanderai plus jamais de jouer avec moi », lance Hannah.

« Que s'est-il passé? » demande la mère de Sasha.

« Oh! Elle m'embête, grogne Sasha. Tout ce que j'ai dit, c'est "Ah! Ah! J'ai encore gagné" et elle s'est fâchée. Quel bébé! »

Il arrive parfois qu'un enfant qui a de la difficulté dans ses relations avec ses pairs doive apprendre à être un bon gagnant et un bon perdant. On peut aliéner les autres enfants quand on est mauvais perdant ou qu'on se vante trop d'avoir gagné. L'esprit sportif d'un enfant est souvent influencé par celui de ses parents. Si votre enfant n'est pas bon joueur – s'il se plaint constamment des décisions de l'arbitre ou s'il blâme un autre membre de son équipe quand il perd, ou s'il parade avec arrogance quand il gagne en se moquant de l'équipe perdante – examinez votre propre comportement. Vous comportez-vous aimablement, que vous gagniez ou perdiez? Donnez-vous l'exemple d'un bon esprit sportif quand vous pratiquez un sport ou un jeu?, quand vous regardez des sports ou des jeux télévisés?, quand vous assistez à une compétition à laquelle participe votre enfant? Notre société valorise le « gagner à tout prix », plutôt que montrer du respect pour les beaux efforts. Les enfants doivent apprendre que ce qui importe, c'est de donner le meilleur d'eux-mêmes et non la perfection.

Les activités structurées

Randy, élève gêné de deuxième année au sourire ironique, est plus petit que la plupart des autres garçons de sa classe. Jusqu'à récemment, il passait tous ses loisirs à regarder la télévision, à aider sa mère, ou à jouer aux Serpents et Échelles avec son jeune frère. À l'école, il passait la récréation avec les filles, ce pour quoi les garçons l'ont ridiculisé et l'ont traité de bébé. Randy, qui n'a pas une démarche féminine et n'aime pas particulièrement les jeux des filles, aimerait sincèrement être accepté par les autres garçons et participer à des jeux plus rudes, des « jeux de garçons ». Cependant, Randy se sentait déjà étiqueté et il ignorait comment sortir du rôle dans lequel il s'était retrouvé. En deuxième année, il est certain que les garçons qui se tiennent avec les filles se feront harceler. À moins que ce choix soit satisfaisant et parfaitement naturel pour un garçon, il a besoin d'apprendre à mieux fraterniser avec les garçons.

Sa mère s'inquiétait du fait qu'il n'invitait jamais des garçons pour jouer avec lui à la maison. Une conversation avec lui à ce sujet a confirmé ses soupçons; Randy avait de la difficulté à se faire des amis chez les garçons. Elle savait que son fils regardait souvent le film *The Karate Kid,* une vidéocassette de la collection familiale. Dans l'espoir que des cours de karaté aideraient Randy à apprendre à se faire des amis garçons, elle l'a inscrit dans un cours d'initiation. Elle savait que les arts martiaux sont fondés sur le contrôle, le respect de l'autre et le développement de la confiance en soi. Randy n'a pas accepté avec enthousiasme – plus par crainte d'avoir l'air idiot ou de se faire bousculer par les autres garçons du cours de karaté que par un manque d'envie d'essayer. Mais, sa mère l'avait déjà inscrit.

« Suis-je obligé d'y aller? » a demandé Randy.

« Oui, a-t-elle répondu. Je crois qu'il est important que tu essaies. Je veux que tu y ailles quatre fois. Si après ce temps tu décides que tu n'aimes pas, nous pourrons reparler de ce que tu ressens. »

Dès son premier cours, Randy s'est lié d'amitié avec un garçon d'une autre école qui lui ressemblait beaucoup. Son attitude s'est grandement améliorée et il a fait preuve de plus de confiance dans ses relations avec les garçons à l'école. Après son deuxième cours, il jouait avec les garçons pendant la récréation et, en peu de temps, il avait développé de bonnes amitiés avec des garçons de sa classe. Après son quatrième cours, il a dit à sa mère qu'il visait une ceinture orange, et elle ne s'est plus inquiétée de la capacité de son enfant à se lier d'amitié avec les garçons de l'école.

Les activités structurées sont une des meilleures façons de se faire des amis. Les intérêts communs sont le moteur des amitiés naissantes. Certains enfants, comme Randy, profitent des activités structurées en dehors de l'école parce qu'ils peuvent enfin s'échapper des rôles attristants dans lesquels ils sont confinés à l'école.

Les ligues sportives, les scouts, les guides, les clubs paroissiaux, les cercles d'art dramatique, le théâtre pour jeunes, les orchestres de jeunes et autres ensembles musicaux, ainsi que les cours d'arts martiaux ne sont que quelques exemples des activités qui aideront les enfants de l'élémentaire jusqu'à la fin du secondaire à se faire des amis.

Par contre, il faut éviter d'inscrire votre enfant dans un trop grand nombre d'activités. Les enfants – particulièrement avant le secondaire – ne devraient pas avoir besoin d'un agenda! Les activités structurées, si elles amusent l'enfant et sont utiles à son développement social, intellectuel, artistique et physique, ne devraient pas occuper tous ses temps libres. S'il y a trop d'activités structurées, les aptitudes sociales de votre enfant pourraient en souffrir. Privé de suffisamment de temps libre non structuré pour jouer avec d'autres enfants, pour parler et pratiquer la résolution de conflits avec des enfants de son choix, votre enfant ne pourra développer d'amitiés sérieuses. Les parents peuvent grandement aider les enfants à apprendre à équilibrer leur emploi du temps entre les activités structurées et libres.

Apprendre à faire des choses que les autres enfants aiment

Christopher se fait harceler chaque jour à l'école par un groupe de ses confrères de sixième année parce qu'il est membre de la chorale, qu'il joue du violon dans l'orchestre de l'école et qu'il ne montre aucun intérêt apparent pour autre chose que les limites restreintes de la musique. Christopher est conscient qu'au cours des années il est devenu de plus en plus en colère contre les enfants qui le harcèlent à cause de sa passion pour la musique. Il se dit qu'il est meilleur qu'eux et il refuse de s'abaisser à participer à toute activité que les autres garçons de son âge aiment, qu'il s'agisse de sport ou de jeux vidéo, même si ces activités de son âge pourraient être amusantes et pourraient l'aider à se faire des amis.

Parfois les enfants ont beaucoup de difficulté à se faire des amis, non seulement parce qu'ils n'ont pas les mêmes intérêts que les autres, mais aussi parce qu'ils ne montrent aucun intérêt pour les activités de leurs pairs. Il est certes important qu'un enfant s'adonne à ses intérêts personnels, même si les autres ne partagent pas sa passion. Mais il est aussi important que les enfants comprennent qu'ils vivent en société, et qu'une partie de cette vie consiste à apprendre à reconnaître et à apprécier au moins quelques activités dans lesquelles leurs pairs sont engagés.

Tentez d'élargir les champs d'intérêt de votre enfant. Encouragé à pratiquer une grande variété d'activités, votre enfant se sentira plus à l'aise dans différents contextes sociaux et avec un plus grand choix de pairs.

Traitez les autres enfants comme vous voudriez qu'on vous traite

Seth, élève de quatrième année, se plaint chaque jour à ses parents que personne ne l'aime à l'école. Son père a organisé une rencontre avec l'institutrice de son fils qui lui confirme que Seth est ostracisé par les autres garçons et qu'il passe habituellement ses récréations seul dans la cage à grimper. Elle poursuit en ajoutant que Seth aggrave souvent la situation en agaçant les autres garçons ou en s'emparant de leur balle qu'il envoie loin d'eux.

Trouver, se faire et conserver des amis implique non seulement de se tenir avec d'autres enfants, de jouer avec eux et de participer aux activités que les autres aiment, mais également d'*être* un bon ami. Parfois, les enfants socialement isolés recherchent l'attention ou l'excitation. Ils font des choses pour agacer les autres enfants, font des bêtises déplacées et ont des exigences qui poussent les autres à les rejeter ou à les intimider. Si vous soupçonnez votre enfant d'être une cible provocatrice d'intimidation, cherchez à découvrir ce qu'il ou elle fait qui empêche les amitiés de se développer. Il vous faudra probablement avoir un entretien avec les professeurs de votre enfant pour comprendre comment les relations avec ses pairs se déroulent à l'école.

Chapitre 8

Et si rien ne fonctionne?

Imaginons que vous avez tenté d'aider votre enfant en travaillant avec lui des techniques pour s'affirmer, se faire des amis et avoir une bonne estime de soi, mais qu'il est toujours la cible de l'intimidation. Il serait peut-être opportun ici de regarder d'autres solutions. Dans bien des situations, les mesures appropriées sont de communiquer avec l'école pour participer à l'élaboration d'une solution, de demander l'aide d'un professionnel en santé mentale ou même de communiquer avec la police.

Quand communiquer avec l'école

Depuis plusieurs semaines, Melinda endurait le harcèlement d'un collègue de classe de première secondaire dans l'autobus scolaire. Plus cela durait, plus elle avait peur. Zachary, un garçon nouvellement arrivé à l'école, a commencé par lui demander un baiser. Elle a refusé. Il l'a alors coincée contre le siège et l'a embrassée. Il lui a dit qu'elle était sa nouvelle petite amie et qu'il ne voulait pas la voir parler avec d'autres garçons. Melinda a répliqué fermement qu'elle n'était pas sa petite amie et qu'elle parlerait avec qui elle voudrait. Melinda en a informé le chauffeur qui lui a dit qu'elle devrait changer de place dans l'autobus. Pendant plusieurs jours, chaque fois qu'il passait devant elle dans l'autobus, Zachary l'accablait de noms peu flatteurs, mais d'un ton si bas que personne ne l'entendait. Chaque fois, elle lui disait de cesser. Melinda a essayé désespérément d'ignorer Zachary, mais il persistait. Un jour qu'elle parlait avec un autre garçon, Zachary lui a soufflé à l'oreille, du siège derrière le sien : « Je sais où tu habites et, un jour, je viendrai chez toi quand tes parents ne seront pas là. »

L'expérience de Melinda est un bon exemple où les parents doivent intervenir auprès de l'école. Les enfants plus âgés peuvent craindre qu'une intervention de l'école puisse envenimer la situation et vous demander de ne pas mêler la direction à leur problème. Cependant, quand les tentatives répétées d'un jeune de faire face à un enfant qui intimide n'ont pas donné de résultat et qu'il y a risque de tort physique ou psychologique grave, il faut que les parents communiquent avec l'école. Cette dernière a la responsabilité légale d'assurer la sécurité des enfants pendant qu'ils sont à l'école, pendant les activités qu'elle organise et dans les autobus scolaires. Le personnel des écoles a l'obligation de fournir un environnement sûr et paisible qui encourage l'étude. Pour ce faire, la direction de l'école doit être informée des cas d'intimidation. Les écoles ne peuvent pas intervenir si les parents ne leur disent pas exactement ce qui se passe.

Comment collaborer avec l'école

Si plusieurs écoles réagissent très rapidement aux problèmes d'intimidation, certaines d'entre elles ne le font pas. Ne permettez pas que l'école minimise l'importance du problème. C'est un problème s'il y a évidence de blessure physique ou morale. Ne permettez pas qu'on vous ignore avec des commentaires évasifs comme « On va s'en occuper » ou « Nous allons examiner le cas. » Affirmez clairement que vous vous attendez à ce que l'école fournisse un environnement sécuritaire à votre enfant. Cependant, ne prenez pas une position de confrontation avec l'école – ne vous emportez pas, ne jurez pas, ne criez pas.

Prenez connaissance du code disciplinaire de l'école. La plupart des commissions scolaires ont des politiques bien claires sur ce qu'est une conduite acceptable et prévoient des conséquences disciplinaires en cas de violation de ce code. Le code de conduite d'une école devrait comprendre une description claire des procédures qu'utilisera l'école en cas d'abus des pairs. Parfois, l'intimidation va plus loin qu'une simple violation du code de vie de l'école, parfois elle est illégale.

Par exemple, aux États-Unis, la Section IX de la loi de 1972 sur l'éducation et la Section VII de la loi de 1964 sur les Droits civils exigent que les écoles protègent les étudiants contre le harcèlement sexuel.

Les étapes suivantes vous aideront à mieux collaborer avec l'école de votre enfant :

1. **Essayez d'obtenir de votre enfant le plus de renseignements possible sur l'intimidation.** Les enfants sont souvent réticents à donner tous les détails, mais obtenez-en le plus possible. Pour obtenir ces informations, posez des questions précises à votre enfant :
   - Qui fait de l'intimidation?
   - Y a-t-il un seul enfant qui te harcèle ou sont-ils plusieurs?
   - D'autres enfants ont-ils été témoins de l'intimidation?
   - Quels sont les paroles ou les gestes exacts?
   - As-tu déjà été blessé physiquement?
   - Le harcèlement est-il fréquent?
   - Se produit-il toujours au même endroit, ou au même moment?
   - Comment te sens-tu par rapport à cette intimidation?
2. **Organisez une rencontre pour vous et votre enfant avec les autorités compétentes de l'école.** Avant d'appeler, consultez le manuel des politiques de l'école et le code de vie pour savoir qui vous devriez appeler. Ce pourrait être le directeur, le conseiller scolaire et les enseignants concernés. Ne vous limitez pas à un simple appel téléphonique pour rapporter le cas d'intimidation. Le harcèlement est un problème très important

qui justifie une rencontre face à face. Pendant la rencontre, transmettez au personnel de l'école les détails de l'intimidation dont vous a parlé votre enfant.

3. **Coordonnez un plan d'action.** Le but de la réunion est d'en arriver à un plan d'action qui mettra fin à l'intimidation. Demandez à votre enfant ce qu'il aimerait qu'il se passe. Parfois l'enfant fera de bonnes suggestions. Quand les responsables de l'école et les professeurs savent à quel endroit et à quelle heure il y a intimidation, ils sont en mesure de faire de meilleures suggestions. Vous, votre enfant et le personnel de l'école devriez écrire le plan d'action et décider comment le mettre en œuvre. Le plan d'action doit comprendre un entretien sérieux avec tout enfant engagé dans l'intimidation et avec ses parents. Souvent, le plan prévoira que l'école exercera une meilleure surveillance de votre enfant, une action qui habituellement met fin ou, du moins, réduit l'intimidation. Assurez-vous que chaque personne a un exemplaire du plan et qu'on comprend bien l'objectif visé et les mesures précises à adopter. Avant de partir, fixez un rendez-vous dans environ une semaine pour faire le suivi des résultats du plan d'action.

4. **Mettez le plan d'action en œuvre.** Exécutez le plan.

5. **Évaluez les résultats lors de la réunion de suivi.** Demandez à votre enfant de vous dire si la situation s'est améliorée. Collaborez ensemble avec l'école pour apporter des correctifs, si néces-

saire, pour la sécurité de votre enfant. L'exemple qui suit illustre bien comment un simple changement peut parfois mettre fin à l'intimidation.

Anthony, élève de sixième année, s'est plaint à son père que deux garçons de son âge le traitent de « crétin » et de « débile » et le bousculent quand ils sont seuls avec lui. Il a tenté de s'affirmer ou de les ignorer, mais en vain. Anthony dit que l'intimidation est pire à l'heure du lunch, car son dernier cours du matin a lieu à l'autre extrémité de l'école, à l'opposé de la cafétéria. Quand il arrive enfin à la cafétéria, toutes les places près de ses amis sont prises. Il se sent en sécurité avec ses amis et croit que l'intimidation cesserait s'il pouvait s'asseoir avec eux. Son père a demandé au directeur si Anthony pouvait quitter sa classe deux minutes avant la fin pour pouvoir s'asseoir avec ses amis pendant le lunch. Le directeur a acquiescé à la demande. De plus, le directeur a rencontré les deux garçons et leurs parents, les a informés du problème et de la solution proposée, et leur a imposé une retenue après la classe. Au cours de la réunion de suivi la semaine suivante, Anthony, son père et le directeur ont célébré le succès de leur plan d'action qui a mis fin à l'intimidation.

Quand avoir recours à un thérapeute

Il est naturel pour les parents d'espérer que les problèmes de leurs enfants avec l'abus des pairs diminueront quand leurs enfants apprendront à s'affirmer, à améliorer leur estime de soi et apprendront comment se faire des amis. La plupart du temps, c'est ce qui se produit. Cependant, certains symptômes sont assez sérieux pour qu'on pense demander l'aide d'un professionnel en santé mentale. Certaines cibles d'intimidation peuvent souffrir de dépression, d'une angoisse excessive de l'école ou d'un état de stress post-traumatique (ESPT). Pour déterminer si votre enfant a besoin d'une thérapie, les principaux critères à considérer sont si votre enfant semble s'améliorer de lui-même ou si les symptômes sont suffisamment sérieux pour nuire à son fonctionnement quotidien.

La dépression

Tout signe de dépression sérieuse chez votre enfant devrait être pris en note. Les enfants qui sont régulièrement intimidés sont plus susceptibles d'avoir des idées suicidaires que les enfants qui ne sont pas harcelés. Si votre enfant semble préoccupé par la mort, ou a parlé ou menacé de se suicider, il est impératif qu'il soit immédiatement évalué par un professionnel en santé mentale. Il est rare qu'un enfant demande à voir un conseiller ou un thérapeute; il est donc important que les parents puissent reconnaître les signes courants de ce désordre émotif traitable, dont voici les principaux : l'enfant

- préfère passer son temps à des activités solitaires (télévision, jeux vidéo) au lieu d'être avec ses pairs;
- menace ou tente de se suicider;
- présente de mauvais résultats scolaires;
- semble apathique;

- donne des signes inexplicables de fatigue;
- dort trop ou pas assez;
- n'a pas d'appétit ou mange trop;
- semble triste;
- a des accès de colère imprévisibles.

L'anxiété

Il arrive parfois qu'un enfant ait tellement peur d'aller à l'école ou de fréquenter ses pairs qu'il développe une angoisse excessive. Lorsque la peur devient si continuelle qu'elle entrave le fonctionnement quotidien de l'enfant, l'évaluation d'un professionnel est recommandée. Si votre enfant montre un des comportements suivants, songez à l'emmener chez un professionnel en santé mentale pour un entretien :

- A une peur continuelle d'aller à l'école.
- Pleure, s'accroche à vous, « devient comme paralysé » ou fait une colère quand vient le temps de partir pour l'école.
- Refuse d'aller à l'école.
- Est souvent malade à l'école et est renvoyé à la maison, ou a de fréquents maux de tête, d'estomac ou d'autres symptômes physiques quand vient le temps d'aller à l'école ou de participer à des activités reliées à l'école.

État de stress post-traumatique

Les cibles chroniques d'abus des pairs peuvent souffrir d'une condition grave appelée état de stress post-traumatique. Le ESPT se manifeste quand l'abus est sérieux, particulièrement en réaction à une attaque physique ou sexuelle. Si votre enfant montre un des signes suivants en rapport avec un événement traumatisant, consultez un professionnel en santé mentale :

- Cauchemars;
- Évitement des situations ou des endroits qui lui rappellent l'événement traumatique;
- Flash-back fréquents (« revit » mentalement et malgré lui) de l'événement traumatisant;
- Vigilance extrême, qui veut dire que votre enfant sursaute à la moindre chose;
- Accès de colère et agitation non habituels.

Une évaluation approfondie pourrait vous aider à déterminer si une aide psychologique serait utile. Les cibles d'intimidation peuvent retirer beaucoup d'une thérapie avec un travailleur social, un psychologue, une infirmière en psychiatrie ou un psychiatre. La meilleure façon de trouver un bon professionnel en santé mentale pour les enfants/adolescents dans votre ville est le bouche à oreille. Informez-vous auprès de votre entourage pour trouver lequel est bien connu et compétent. La plupart des professionnels en santé mentale pour les enfants et les adolescents font aussi de la thérapie familiale en voyant toute la famille ensemble. Pour aider un enfant qui a été la cible d'intimidation, un professionnel en santé mentale pourrait utiliser plusieurs stratégies, entre autres, la thérapie individuelle ou familiale, les techniques d'apprentissage de la socialisation, ou une thérapie de groupe.

Quand avoir recours aux autorités judiciaires

L'intervention des autorités judiciaires dans une situation d'intimidation repose sur une question essentielle : Un délit a-t-il été commis? Les lois varient selon les provinces et les États, et il ne serait pas à propos d'en faire une étude individuelle dans ce livre. Sachez cependant que, dans la plupart des juridictions, les mêmes lois qui s'appliquent aux adultes pour des crimes tels les voies de fait, les menaces, traquer une personne, l'intimidation, le harcèlement et les troubles à l'ordre public, s'appliquent aussi aux enfants. Si vous estimez que votre enfant a été la victime d'un crime, vous devez communiquer avec la police.

Même si les chapitres 9, 10 et 11 s'adressent particulièrement aux parents d'enfants qui intimident, en votre qualité de parent d'enfant intimidé, vous pourriez trouver utile de les lire. Ces chapitres vous donneront un aperçu du système de valeurs typique sous lequel opèrent les enfants qui intimident et les difficultés que les parents de ces enfants doivent surmonter pour changer le type de comportement de leur enfant.

Partie III

QUE FAIRE SI VOTRE ENFANT INTIMIDE

Chapitre 9

Comment savoir si votre enfant intimide

Plusieurs parents savent sans aucun doute que leur enfant intimide les autres – l'école, d'autres autorités, les parents d'autres enfants leur envoient des rapports sur le comportement de leur enfant. Dans certains cas pourtant, le type de comportement agressif n'est pas aussi visible et il n'est pas signalé. Les parents doivent donc identifier les signes qui indiquent que leur enfant a besoin d'aide avec son problème d'intimidation. Votre enfant pourrait avoir un problème d'intimidation si

- il aime rabaisser les autres;
- il fait peu de cas de blesser les sentiments des autres;
- il ne respecte pas l'autorité;
- il est fasciné par le néo-nazisme ou la suprématie raciale;

- il ne respecte pas le sexe opposé;
- il blague sur le viol ou les autres formes de violence contre les femmes;
- il aime se battre;
- il croit que « tout doit être fait à SA manière »;
- il refuse d'admettre ses erreurs;
- il ment fréquemment pour se sortir d'embarras;
- il croit que les règles sont stupides;
- il fait délibérément souffrir les animaux;
- il croit qu'il ne faut pas faire confiance aux autres;
- il refuse d'admettre la peur;
- il utilise la colère pour arriver à ses fins;
- il adopte une attitude de supériorité face aux autres enfants.

Si votre enfant montre un ou plusieurs de ces signes, il ou elle pourrait avoir besoin d'aide pour corriger un type de comportement d'intimidation autodestructeur qui pourrait durer toute la vie. Plus il y a de signes, plus le problème peut être grave.

Qu'est-ce qui peut amener un enfant à intimider?

Comme le comportement intimidateur peut causer de sérieux problèmes pour l'enfant qui intimide et pour sa cible, il est important de comprendre pourquoi certains enfants intimident et d'autres pas. Certaines caractéristiques chez les enfants et leur famille sont propices à un comportement d'intimidation. Le test suivant vous permettra d'évaluer votre connaissance de ces caractéristiques les plus courantes. Faites une copie de la liste et encerclez **V** si vous croyez que l'énoncé est vrai et **F** si vous croyez qu'il est faux.

LES ENFANTS SONT PLUS PORTÉS À INTIMIDER LES AUTRES ENFANTS SI :

V F Ils croient que si quelqu'un les craint, c'est la même chose que s'il les respectait.

V F Ils croient que ce sont les poules mouillées qui refusent de se battre.

V F Ils se croient supérieurs aux autres.

V F Un de leurs parents, ou les deux, a un problème d'alcool ou de drogue.

V F Leurs parents sont divorcés ou sont séparés, et les ex-conjoints ne s'entendent pas bien.

V F Il y a eu des problèmes de violence domestique dans la famille.

V F Leurs parents se méfient du mariage ou des relations en général.

V F Leurs parents ne se font pas confiance mutuellement.

V F Un de leurs parents, ou les deux, s'adonne à des activités criminelles.

V F Après le divorce, les parents continuent à se quereller et à se disputer de sorte que l'enfant se sent comme un « intermédiaire » entre les deux.

V F Leurs parents se disputent beaucoup.

V F Ils sont laissés seuls pendant de longues périodes, sans la supervision d'un adulte.

V F Ils croient que les adultes qui les entourent ne s'intéressent pas à eux.

V F Ils reçoivent des châtiments corporels quand ils se conduisent mal.

V F Un de leurs parents les punit plus sévèrement quand il/elle est de mauvaise humeur.

V F Un parent ou les deux croient qu'en venir aux coups est une façon acceptable de régler un problème.

V F Un parent ou les deux croient que les remarques humiliantes ou les injures sont une façon acceptable de régler un problème.

V F Un parent ou les deux ont des comportements que les autres jugent doctrinaires, racistes ou sexistes.

V F Leurs parents les injurient ou les humilient.

V F Un parent ou les deux avaient un comportement intimidateur dans son enfance.

V F Leurs parents sont extrêmement sévères.

V F Leurs parents sont extrêmement permissifs.

Pour chaque affirmation, un V indique une situation propice à un comportement intimidateur chez les enfants. Si vous avez encerclé plusieurs V en rapport avec votre famille ou votre enfant, vous devriez considérer que votre enfant a besoin de votre aide pour changer son comportement. Plus encore, vous devriez réfléchir aux comportements familiaux enracinés qui pourraient contribuer au comportement intimidateur de votre enfant. N'oubliez pas que ce ne sont que des indications. Dans certaines familles fonctionnelles et heureuses, il est possible qu'on doive quand même aider un enfant à changer un comportement intimidateur.

Problèmes communs dans les familles des enfants qui intimident

Les enfants qui intimident proviennent de familles de tous les niveaux socio-économiques, sans distinction de race ou d'ethnie. Heureusement, la tendance à l'intimidation n'est pas inscrite dans les gènes. Si c'était le cas, il nous ne resterait qu'à lancer la serviette. Comme nos enfants ne sont pas naturellement programmés pour intimider, il en va de notre responsabilité d'examiner ce qui se cache derrière ce comportement quand nous le remarquons. Certains problèmes sont communs dans les familles des enfants qui intimident, et il est utile de savoir que, lorsque les parents s'occupent de ces questions, le comportement et l'attitude de l'enfant changent souvent.

Les relations parentales sont tendues

Les parents d'enfants qui intimident ont souvent des relations tendues avec leur conjoint ou partenaire, et il s'ensuit généralement un divorce ou une séparation. Il est difficile d'être des parents constants et efficaces quand les partenaires ne se soutiennent pas mutuellement et ne collaborent pas, et qu'ils se tiennent rancune. Dans l'exemple suivant, de la famille de Lisa, il est clair que la tension dans le mariage de ses parents incite Lisa à chercher un certain contrôle en intimidant une consœur de classe qui manque de confiance.

Les parents de Lisa parlent de divorce depuis plusieurs années. Ils se disputent souvent et ils sont souvent de mauvaise foi. Ils s'injurient devant Lisa, se lancent des insultes et ravivent les erreurs passées. Ils sont tellement pris par leurs propres problèmes qu'ils n'écoutent pas Lisa quand elle leur demande de cesser de se quereller. De plus, il arrive que la mère de Lisa lui parle de ses problèmes matrimoniaux comme si elle était une adulte. Lisa se sent impuissante et en colère. Dernièrement, Lisa a passé sa rage sur une autre élève de première secondaire, une fille studieuse et tranquille. Elle aime l'impression de pouvoir et de contrôle qu'elle ressent en l'insultant.

Les enfants ont besoin de savoir que leur foyer est sécuritaire, tant au plan émotionnel qu'au plan physique. Un enfant doit aussi savoir qu'il n'est pas responsable de ses parents, comme le lui demande la mère de Lisa qui s'attend à ce qu'elle lui serve de conseillère. Il n'y a pas de mariage parfait, mais les parents doivent régler leurs différends dans le respect. Les parents de Lisa sont tellement pris par leurs problèmes qu'ils n'ont plus d'énergie pour elle. Plus leurs problèmes matrimoniaux se prolongent, plus leur fille devient en colère. Tant que les parents de Lisa ne porteront pas attention à ses besoins affectifs, Lisa pourrait continuer à passer sa colère à l'école.

Il n'est pas nécessaire que les familles soient parfaites ou intactes pour prévenir le comportement intimidateur chez les enfants, mais les parents doivent être conscients et sensibles aux messages qu'ils transmettent à leurs enfants.

Les enfants qui intimident demandent plus de supervision

Moins les enfants passent de temps avec des adultes, plus ils seront susceptibles d'abuser de leurs pairs. Les enfants ont besoin de conseils, de direction positive et de supervision que seuls les adultes peuvent leur donner, et dans les familles où les parents sont surmenés, les enfants n'ont pas toute l'attention dont ils ont besoin. Dans les familles où les parents sont présents mais s'occupent rarement de leurs enfants, ceux-ci ne reçoivent pas toute l'éducation et la discipline dont ils ont besoin. Le comportement agressif de Ryan dans l'exemple qui suit n'est pas inhabituel pour des enfants qui passent trop de temps sans la présence d'adultes.

Les parents de Ryan ont divorcé quand il avait trois ans, et il n'a pas vu son père depuis. La mère de

Ryan a deux emplois pour arriver financièrement, et elle se sent mal de ne pas être à la maison assez souvent pour surveiller Ryan adéquatement. Ryan a des amis plus âgés dans le quartier qui ont eu des problèmes, et elle craint qu'ils ne soient une mauvaise influence.

Petit, Ryan s'endormait en pleurant parce que son père lui avait promis de lui rendre visite et qu'il ne venait pas. À onze ans, il dit que cela ne lui fait plus rien, mais la colère profonde qu'il éprouve envers son père se manifeste dans l'intimidation physique et verbale de ses pairs à l'école. Une profonde tristesse intérieure se cache sous les dehors de dur qu'affiche Ryan. La mère de Ryan fait son possible, mais le manque de supervision adulte adéquate ajouté à la colère qu'éprouve Ryan d'avoir été abandonné par son père est une combinaison dangereuse.

Les enfants devraient passer plus de temps sous la surveillance étroite d'adultes aimants. Les parents, comme la mère de Ryan, qui ne peuvent se libérer de leur travail pour surveiller un enfant, devraient s'assurer que celui-ci est sous la surveillance d'un adulte responsable ou qu'il est inscrit à des activités étroitement supervisées.

Les enfants qui intimident manquent souvent d'une discipline efficace

Les parents et gardiens d'enfants qui intimident sont plus susceptibles de recourir aux châtiments physiques qu'aux autres méthodes non corporelles de discipline. Les enfants qui intimident sont beaucoup plus susceptibles que leurs pairs de recevoir des fessées, d'être fouettés ou même battus quand ils se comportent mal[1]. Ce type de discipline physique enseigne aux enfants que l'agression physique est la manière de régler les conflits.

Les enfants qui intimident sont disciplinés de façon irrégulière. Parfois, les parents ont de la difficulté à contrôler leurs émotions en matière de discipline. Dans les familles d'enfants qui intimident, ceux-ci ont tendance à être punis plus sévèrement quand le parent est de mauvaise humeur. Ce qui est insignifiant une journée peut devenir un drame le lendemain, pour la simple raison que papa ou maman a passé une journée difficile. Dans l'exemple qui suit, la discipline physique dont le père de Trevor croit qu'elle sera la solution pour corriger le comportement de son fils ne sert qu'à alimenter le propre recours de Trevor à la violence physique.

Trevor est un élève de quatrième année dont le père croit que le châtiment physique est la méthode la plus efficace de discipliner son fils. Il croit que briser la résistance de Trevor envers son autorité rendra service à son fils dans la vie. Habituellement, il donnera la fessée à Trevor, mais parfois, il dit à Trevor de couper une branche d'un arbre avec laquelle il le fouettera. Trevor se bat à l'école depuis la première année, et il se fait fouetter à la maison chaque fois que son père reçoit un rapport défavorable de l'école. Cependant, la discipline ne donne aucun résultat et les batailles deviennent de plus en plus sérieuses.

Malgré les bonnes intentions du père de Trevor, la discipline physique enseigne seulement à ce jeune que l'agression est la meilleure façon de régler les conflits. À l'école, Trevor applique les leçons qu'il a apprises à la maison. Malgré le fait que le père de Trevor croie que la violence est la seule façon de discipliner son fils, il pourrait régler cette situation frustrante s'il apprenait des méthodes disciplinaires plus compatissantes et plus efficaces, qui seraient plus douces pour lui et son fils. Le comportement intimidateur de Trevor ne cessera probablement pas tant que son père ne trouvera pas de méthodes plus éducatives, non physiques, pour s'occuper du comportement de son fils.

Les enfants qui intimident voient et entendent plus de violence

Plus un enfant entend et voit la violence, plus il y devient insensible. Dans certaines familles, l'intimidation n'est pas jugée importante. Les batailles et les insultes sont considérées comme une façon acceptable de régler les conflits. Dans ces familles, les enfants apprennent que les insultes sont une réponse appropriée quand ils sont provoqués. Les enfants sont particulièrement affectés quand ils voient leurs parents s'échanger des insultes, les deux étant apparemment imperturbables devant la violence de leurs échanges.

Voici quelques exemples de la façon dont une famille peut encourager la violence :

- Donner aux enfants et aux autres membres de la famille des « surnoms » offensants comme « idiot », « femmelette » ou « gros lard ».

- Battre, bousculer, donner des taloches, saisir une personne, ou toucher de quelque façon une personne sous le coup de la colère.
- Utiliser des insultes ou un langage raciste comme « négro » ou « sale blanc ».
- Déprécier le potentiel d'un enfant avec des expressions comme « Tu seras toujours un bon à rien », « Tu n'es pas très intelligent » ou « Tu es un perdant. »

Dans les familles où on utilise couramment un vocabulaire abusif, les parents doivent faire particulièrement attention à leurs paroles et ne pas oublier que leurs enfants sont affectés par chacune d'elles. Ils doivent aussi apprendre à maîtriser leur colère afin d'éviter les réactions physiques quand ils sont troublés.

Ne vous découragez pas si certains de ces exemples vous ressemblent – plusieurs parents se reconnaissent dans ces scénarios. N'oubliez pas que c'est vous qui êtes dans la meilleure position pour aider votre enfant à surmonter ses problèmes d'intimidation. Si vous apprenez à reconnaître les habitudes malsaines dans les communications et la discipline de votre famille, vous pourrez identifier les comportements et les attitudes qui provoquent un comportement d'intimidation. En votre qualité de parent préoccupé et observateur, vous êtes en bonne voie d'aider votre enfant à devenir l'adulte sensible et compatissant qu'il est destiné à devenir.

Chapitre 10

Surmonter les problèmes communs aux enfants qui intimident

En votre qualité de parent, vous voulez que votre enfant apprenne à agir de façon responsable, à se montrer honnête envers les autres, à chercher la résolution pacifique des conflits avec les autres, et à comprendre et à respecter les sentiments d'une autre personne. Le foyer demeure le meilleur endroit pour apprendre aux enfants les valeurs et les attitudes qui sous-tendent ces habiletés sociales, qui ne sont pas tant apprises que « absorbées » par les enfants quand ils observent leurs parents les mettre en pratique dans leurs comportements et leurs attitudes. Les enfants voient leurs parents comme des modèles pour des comportements et des attitudes appropriés. Les parents *doivent* démontrer ces habiletés dans la vie quotidienne. Les leçons informelles qu'absorbe votre enfant valent bien des heures de sermons. Vous êtes le professeur le plus important que votre enfant n'aura jamais et ce que vous faites en dit beaucoup plus long que ce que vous dites.

Quand un enfant se comporte de façon agressive envers les autres enfants, les parents doivent jouer un rôle vital pour l'aider à changer non seulement son comportement immédiat, mais aussi le cours de sa vie. Il est possible que vous soyez frustré parce que vous faites *déjà* de grands efforts pour améliorer la situation – mais rien ne semble changer et vous croyez n'avoir pas réussi. Il serait peut-être utile de comparer cette situation avec ce que vous feriez si votre voiture était prise dans une ornière. Il est probable que vous resterez bien coincé après avoir pesé sur l'accélérateur à fond à quelques reprises. Alors, vous sortirez de la voiture, examinerez la situation, trouverez quelque chose à mettre sous les roues pour vous aider à sortir et vous poursuivrez votre chemin sans problème. La même chose s'applique à l'éducation des enfants : il est possible que quelque chose dans votre rôle de modèle ne soit pas approprié, mais dès que vous comprendrez que votre comportement envoie des messages négatifs, vous pourrez acquérir des habiletés et commencer à changer votre comportement. Ce chapitre vous aidera à identifier les comportements qui font que vous n'arrivez à rien, et qui vont à l'encontre de votre but d'aider votre enfant à atteindre son plein potentiel. Vous y trouverez aussi des idées pour vous aider à devenir un modèle plus efficace et des conseils pour faire cesser le comportement intimidateur de votre enfant. Quand vous mettrez ces nouvelles habiletés en pratique, vous constaterez que votre vie familiale sera plus heureuse, et que le défi d'élever des enfants sera plus satisfaisant et agréable.

En apprenant des manières plus positives de communiquer avec votre enfant, dites-lui les façons dont vous entendez améliorer votre relation ensemble, ce que vous prévoyez faire pour changer votre comportement et comment vous espérez que toute la famille profitera de ces changements. Dites à votre enfant que c'est un projet qui vous implique tous, et discutez en famille des moyens d'améliorer les façons dont vous vous parlez et agissez les uns envers les autres.

Enseignez à votre enfant à se soucier des autres

L'empathie, c'est se mettre à la place de l'autre, et être capable d'évaluer et de comprendre ce que doit ressentir cette personne. C'est une attitude du cœur qui vient en se souciant sincèrement d'autrui et en croyant que l'autre est tout aussi important que soi. Quand nous essayons de voir la vie à travers les yeux d'une autre personne, notre vision devient plus claire et nous devenons plus humains. Nous comprenons à quel point il est important de partager les joies de chacun et de nous entraîner à porter nos souffrances. Nous comprenons qu'on se sent bien quand on se soucie de quelqu'un d'autre. Les enfants empathiques ont de meilleures amitiés, ont moins d'ennuis et sont plus respectés par leurs pairs et par les adultes.

L'emphatie est une réponse naturelle pour la plupart des enfants. Dans une pouponnière, quand un bébé pleure, les autres l'imitent. Nous pouvons observer le comportement d'empathie en regardant deux enfants jouer. Quand un enfant se met à pleurer, l'autre s'approche et lui demande ce qui ne va pas. En vieillissant, les psychologues du développement nous disent que les enfants deviennent de plus en plus aptes à se mettre à la place d'un autre. Vers la fin de l'enfance, les enfants ont acquis la capacité d'étendre leur empathie au-delà de la famille et des amis. Ils commencent à s'intéresser à ceux qui sont moins fortunés et à montrer de la sollicitude pour les sans-abri, les pauvres et les malades chroniques.

Cependant, les parents jouent un rôle important pour garder ce sentiment naturel d'empathie chez leurs enfants en faisant preuve de tolérance et d'acceptation envers ceux qui sont différents. Souvent, un enfant qui intimide n'a pas de modèle d'empathie à la maison. Parfois, un enfant peut manquer d'empathie parce qu'il ne se sent pas compris, comme si l'enfant disait par son comportement : « Personne ne se soucie de ce que je ressens, alors pourquoi devrais-je me soucier des autres? » Non seulement ces enfants n'ont pas appris *comment* montrer de l'empathie, mais ils n'ont pas appris non plus la *valeur* d'être empathique. Un enfant peut facilement apprendre à ignorer la souffrance d'un autre si on ne lui a pas enseigné que l'empathie est très appréciée. Les parents qui n'ont pas tendance à faire preuve d'empathie doivent modifier leur comportement pour aider leurs enfants à comprendre cette valeur importante. Observez ces deux exemples pour voir comment les parents peuvent être des modèles d'empathie ou d'intolérance dans leurs remarques.

■ ■ ■

SCÉNARIO 1

Une mère, un père et un enfant attendent le début d'un film. Pendant les préliminaires, une femme obèse entre et tente de s'asseoir. Quand elle voit que le siège est trop étroit pour elle, elle a l'air gênée, se lève et quitte le cinéma. Un parent se tourne vers l'autre et murmure assez fort pour que l'enfant puisse entendre : « Bien bon pour elle. Si elle veut regarder le film avec nous, qu'elle perde du poids, cette grosse vache! »

SCÉNARIO 2

Un autre couple attend avec son enfant le début du film. En regardant une femme obèse tenter de s'asseoir, se relever et quitter le cinéma, frustrée parce que les sièges sont trop étroits, un des parents dit : « Dommage. Elle doit se sentir gênée. La salle devrait vraiment offrir quelques sièges pour accommoder les personnes plus corpulentes. »

■ ■ ■

Les enfants ont tendance à intégrer les attitudes des parents dans leur propre façon de penser et dans leur comportement. Dans le premier scénario, les parents agissent comme s'ils étaient supérieurs à la femme corpulente. Si un enfant acquiert l'attitude qu'il est supérieur aux autres, il est plus que probable qu'il adoptera un comportement intimidateur. Par leurs commentaires désobligeants sur l'apparence physique d'une femme, ces parents enseignent à leur enfant comment intimider. Dans le second scénario, les parents montrent de l'empathie envers la même femme. Leur enfant a appris une importante leçon d'empathie.

L'empathie doit être cultivée. Tout comme on peut enseigner à ne pas se soucier des autres, on peut également enseigner un profond respect et l'amour des autres. Témoigner de l'empathie à votre enfant est la façon la plus sûre de lui apprendre à avoir de l'empathie pour les autres, car il l'a vécue de première main. Voici quelques suggestions pratiques pour aider à cultiver un bon sens de l'empathie chez votre enfant.

Demandez à vos enfants comment ils se sentent

Les sentiments sont extrêmement importants et le premier pas pour aider vos enfants à appendre l'empathie est de leur faire comprendre que vous vous souciez de ce qu'ils ressentent. Démontrez votre empathie en prenant l'habitude de demander : « Comment te sens-tu dans cette situation? »

On confond souvent les sentiments et les idées. Les idées peuvent être discutées, mais les sentiments ne peuvent l'être. Les sentiments ne sont pas des interprétations ni des explications. Vous pouvez ne pas être d'accord avec votre enfant sur le fait que l'algèbre est un sujet important ou que les Rams vont remporter le Super Bowl, mais si votre enfant dit qu'il est heureux, triste, en colère, ou qu'il a peur, c'est un fait. On ne peut discuter des sentiments. Ils sont le résultat à l'état brut de l'expérience, la réalité d'une personne réduite à son plus honnête dénominateur. Quand un enfant exprime des sentiments honnêtes, il vous dit la vérité sur ce qu'il vit à ce moment précis. Il est important de respecter cette vérité.

Donnez à votre enfant de l'amour inconditionnel

Dans *To Love and Be Loved : The Difficult Yoga of Relationships,* le psychologue Stephen Levine dit que personne n'est jamais assez aimé. On ne peut gâter un enfant avec trop d'amour ou d'affection. Les enfants ont besoin de savoir que vous les aimez inconditionnellement, peu importe leur comportement. Trop souvent, pourtant, les gens posent des conditions pour aimer leurs enfants. Certains parents envoient le message que l'affection et la reconnaissance doivent être méritées en boudant leurs enfants lorsqu'ils agissent mal. D'autres utilisent les mots doux pour les manipuler, montrant de l'affection uniquement lorsqu'ils souhaitent que leurs enfants fassent quelque chose pour eux.

Nous avons tous les mêmes besoins d'être traités avec sensibilité, bonté et compassion. Nous avons tous un cœur qui ne peut grandir que par l'amour, et nous avons tous un cœur qui a été blessé à divers degrés et de diverses façons. Quelle chance pour nous de pouvoir nous rappeler que peu importe où nous sommes, en compagnie de qui que ce soit, nous pouvons être des outils de guérison. C'est avec nos enfants qu'il est le plus important de le faire.

Attardez-vous aux similarités entre vos enfants et les autres

Aidez votre enfant à voir comment les autres lui ressemblent plutôt que d'insister sur les différences. Nous avons beaucoup plus de points communs avec les autres que de différences, pourtant, nous remarquons bien plus facilement ce qui nous différencie et nous le soulignons. Les parents doivent reconnaître leurs propres préjugés avant d'être assez ouverts pour aider leurs enfants à voir les leurs. Comprenez vos préjugés et faites des efforts pour les changer.

Refusez de raconter ou de rire des blagues cruelles ou humiliantes

Appliquez-vous à ne raconter que des blagues qui ne sont pas mesquines. Bien des blagues ne sont en fait que des expressions à peine déguisées d'intolérance à l'égard d'autres races, origines ethniques, religions, à l'égard du sexe opposé ou des gens qui n'ont pas la même orientation sexuelle que vous. Montrez votre courage moral en mettant en question avec bienveillance toute blague intolérante et en expliquant pourquoi vous le faites. Dites simplement : « Je ne crois vraiment pas que c'est très drôle parce que c'est intolérant (ou injuste, ou mesquin). » Cela pourrait vous sembler risqué et difficile, particulièrement quand les autres en rient tous, mais quand vous le faites – particulièrement en présence des enfants – vous envoyez un message très important. Si votre enfant raconte une blague mesquine, il est important de lui dire que vous ne tolérerez pas cela et de lui en donner la raison.

Il arrive que, lorsqu'une remarque ou une blague à propos d'un enfant gêne ou blesse cet enfant de façon évidente, un parent balaie du revers de la main la réaction de l'enfant et devient défensif en lui disant que c'était « juste pour rire ». Un enfant doit se sentir libre de dire à un parent que quelque chose ne lui semble pas bien. Si un enfant dit « Je n'aime pas ça, arrête », il est important d'accéder à sa demande sans insister pour en savoir la raison. L'enfant a déjà dit pourquoi il n'aime pas cela. Cela vaut aussi pour les bagarres et le chatouillement non sollicité. Parfois, les enfants ne diront pas qu'un de vos propos ou une de vos actions les ennuie, il est donc important de porter attention à leur langage corporel et aux autres signaux pour vous assurer que ce que vous avez dit pour rire a bien été compris comme tel.

Soyez consciemment bons

Des gestes de bonté simples et délibérés peuvent avoir un effet profond sur la vie des gens. De plus, ceux qui choisissent d'être consciemment bons résistent mieux au stress, sont plus heureux, et leurs relations familiales sont plus saines. Pourtant, la plupart d'entre nous semblent vivre leur vie en mode de pilotage automatique, en vivant en somnambules et en réagissant à la façon dont les gens les traitent, plutôt que d'agir *consciemment* et de choisir d'être bons à l'égard des autres, peu importe la façon dont les autres pourraient les traiter.

Montrez à vos enfants que vous traitez les étrangers avec égard, que ce soit le pompiste, les autres conducteurs sur la route ou les voisins que vous connaissez peu. Il est facile d'être bons envers ceux qui nous traitent bien, mais la vraie bonté envers les autres s'applique à tout le monde, même à ceux et celles qui sont impolis ou qui manquent de considération.

Tout moment passé dans un manque de considération, d'amertume ou de méchanceté est un moment perdu. Chaque jour, assurez-vous d'être meilleurs que la veille et assurez-vous surtout d'être consciemment bons envers vos enfants.

Soyez bons envers les animaux

Se montrer bon à l'égard de ceux qui sont plus faibles, plus lents ou incapables de se défendre prend tout son sens quand on traite bien les animaux. Plusieurs parents deviennent la proie du syndrome « passer sa rage sur le chien » et le transmettent à leurs enfants. Après une journée difficile où ils ont été stressés pendant huit heures, ils rentrent à la maison et perdent patience avec l'animal de compagnie de la famille. Assurez-vous de trouver des moyens sains de faire face au stress et montrez à vos enfants que les animaux méritent d'être traités avec douceur et avec des mots gentils.

Appliquez la Règle d'Or

La définition la plus courante de l'empathie est la Règle d'Or : « Traitez les autres comme vous aimeriez être traité. » Peu importe comment elle est exprimée, la Règle d'Or est la meilleure à suivre dans toute relation humaine. C'est de la bonté mise en pratique. Assurez-vous qu'elle est appliquée dans votre famille.

Apprenez à votre enfant à être un conciliateur

La conciliation est la recherche de solutions non violentes pour résoudre un conflit. Cette attitude ne s'acquiert pas facilement, mais elle en vaut l'effort. Plus que jamais, notre monde a besoin de conciliateurs, et c'est dans la famille que la paix doit commencer. Cependant, si nous voulons l'harmonie dans nos familles, la paix doit commencer en chacun de nous en tant qu'individu. Dans les familles où les adultes suggèrent des solutions non violentes pour gérer les conflits, l'intimidation s'y produit beaucoup moins souvent.

Nous vivons dans une société compétitive, une société du « moi d'abord », il est donc naturel que plusieurs familles tombent dans des modèles de comportements qui n'insistent pas sur la conciliation. Parfois, il est si facile de se quereller pour la moindre des choses afin de montrer que l'on a raison. Étudiez les deux scénarios suivants qui présentent des occasions de conciliation.

■ ■ ■

SCÉNARIO 1

Au souper, la famille discute de la journée quand le téléphone sonne. La mère répond. C'est un télévendeur ; elle s'indigne d'avoir été dérangée pendant son dîner. Elle crie des obscénités au téléphone et raccroche violemment. Elle peste contre les télévendeurs en revenant s'asseoir.

SCÉNARIO 2

La famille d'à côté est aussi en train de dîner quand le téléphone sonne. La mère répond. C'est le même télévendeur. La mère est ennuyée que son temps avec sa famille soit interrompu. Attendant une pause du télévendeur, elle dit poliment : « Non, merci. Je ne suis pas intéressée. S'il vous plaît, retirez notre numéro de votre liste. Bonne soirée. »

■ ■ ■

Dans le premier scénario, la mère exprime mal sa frustration et manque de respect. Elle donne l'exemple à ses enfants que c'est ainsi qu'il faut réagir au stress. Ses enfants sont susceptibles d'agir de la même manière la prochaine fois qu'ils se sentiront frustrés. Dans le second scénario, nous voyons un parent qui réagit avec tact à la même situation dérangeante. Pourtant, elle traite la personne à l'autre bout du fil avec dignité et respect.

Voici quelques idées pratiques pour aider votre enfant à acquérir un comportement conciliant.

Appliquez une discipline respectueuse et non physique

Une des façons les plus efficaces pour vous d'aider votre enfant à mettre fin à son comportement intimidateur et lui enseigner à être conciliant est d'apprendre des techniques de punition non violentes. Refusez systématiquement de recourir à des punitions physiques. Certains parents pensent que la société est « trop indulgente » à l'égard des enfants qui se conduisent mal et que les parents ont besoin d'exercer un contrôle en utilisant la discipline physique. Pourtant, la discipline physique apprend aux enfants à utiliser la force physique pour obtenir ce qu'ils veulent. Un parent en colère qui a recours à la violence physique risque davantage de blesser l'enfant involontairement. La meilleure solution est de cesser toute pratique de discipline physique et d'apprendre des techniques non violentes efficaces.

Un outil efficace pour prendre des mesures concernant la mauvaise conduite de votre enfant est l'utilisation des conséquences logiques plutôt que des punitions. En associant logiquement une conséquence ou un résultat à un comportement, l'enfant est plus susceptible d'apprendre une leçon importante sur les raisons qui rendent ce comportement inacceptable. Voici deux exemples du concept des conséquences logiques :

Mauvais comportement	*Conséquence logique*
Laisse sa bicyclette dans l'allée	Pas de bicyclette pour une journée
Ne veut pas manger	Pas de dessert et pas de collation en soirée

Je suis toujours étonné que notre société accorde si peu d'importance à la façon d'élever des enfants efficacement. Nous passons des années à apprendre comment réussir dans notre carrière, mais nous tenons pour acquis que nous savons déjà tout sur notre rôle le plus important – celui de parent. Il faut du temps pour apprendre à discipliner sans violence, et c'est dans une classe sur l'art d'être parent qu'on l'apprendra le mieux. Dans la plupart des villes, il existe des programmes peu coûteux et très efficaces offerts par les églises, les synagogues, les centres d'éducation et les services communautaires.

Utilisez des mots apaisants

Les mots ont le pouvoir de blesser ou de guérir. Assurez-vous de les choisir soigneusement et n'injuriez pas vos enfants, ne leur donnez même pas un surnom qu'ils n'aiment pas; ne dites pas des paroles sous l'effet du stress que vous ne diriez pas quand vous êtes calme. Si vous vous échappez et dites des paroles blessantes, excusez-vous dès que vous vous apercevez de votre erreur.

Les enfants de tout âge ont besoin d'entendre des paroles respectueuses en abondance, c'est pourquoi vous devez faire une grande place dans votre vocabulaire aux « Merci », « J'apprécie cela », « Je t'aime », « Je m'excuse » et « Je te pardonne. »

Apprenez à votre enfant à être responsable

Une personne responsable assume ses choix et les résultats qui en découlent. Une personne responsable ne cherche pas d'excuses ou n'essaie pas de se soustraire à ses obligations. Les enfants doivent apprendre à être responsables de leurs actes. La plupart des enfants qui intimident éprouvent des difficultés dans ce domaine vital de leur développement. Ils ont tendance à blâmer les autres, à tenter de fuir leurs responsabilités et à mentir pour arriver à leurs fins. Ils agissent comme si les règles ne s'appliquaient qu'aux autres. Ces enfants ont besoin d'apprendre de leurs parents la valeur de la responsabilité. Voici deux exemples où un parent a une occasion de se montrer responsable.

■ ■ ■

SCÉNARIO 1

Un père est invité à la dernière minute à une fête pour l'anniversaire d'un ami. Il doit travailler et personne ne peut le remplacer. Son enfant l'entend téléphoner à son patron pour lui dire qu'il a de la fièvre et qu'il ne pourra pas aller travailler ce soir-là.

SCÉNARIO 2

Un père est invité à la dernière minute à une fête pour l'anniversaire d'un ami. Il doit travailler et personne ne peut le remplacer. Son enfant l'entend téléphoner à son ami pour lui souhaiter un joyeux anniversaire et lui dire qu'il regrette de ne pouvoir assister à la fête.

■ ■ ■

Dans le premier cas, le père ignore ses responsabilités au travail pour assister à une fête. De plus, il ment sur la raison pour laquelle il ne peut se présenter au travail. Ceci est un message clair pour son enfant qu'une telle attitude est acceptable. Dans le second scénario, le père prend ses responsabilités et enseigne à son enfant une précieuse leçon – les responsabilités d'abord, le plaisir après.

C'est un rôle important pour les parents que d'aider les enfants qui intimident à être personnellement responsables de leurs choix, bons ou mauvais, et les parents peuvent mettre en pratique les attitudes et les comportements suivants pour s'assurer que l'enfant apprendra comment être responsable.

Ayez une attitude positive face à votre rôle de parent

Les enfants ont besoin de savoir que leurs parents acceptent pleinement et avec plaisir d'être responsables d'eux. Élever un enfant est une grande responsabilité qui apporte beaucoup de joie. On devrait se réjouir d'être parent et non le voir comme une responsabilité assommante.

Certains parents d'enfants qui intimident disent à leurs enfants, d'une façon subtile ou directe, qu'ils ne sont pas désirés, qu'ils sont un désagrément ou un fardeau. Si vous avez déjà considéré votre rôle de parent comme une corvée, il est important que vous travailliez à changer cette attitude et appreniez à aimer votre rôle essentiel. Les besoins des enfants ne peuvent être un fardeau. Votre enfant compte sur vous.

Faites savoir à votre enfant que vous aimez être son parent. La façon la plus importante pour un enfant d'apprendre à être responsable est de savoir que vous prenez votre responsabilité de parent au sérieux et que vous ne l'abandonnerez jamais à son sort.

Soyez un modèle d'honnêteté en tout temps

Être une personne responsable veut dire être honnête. L'honnêteté est essentielle à la capacité d'un enfant d'établir des relations durables. Les enfants qui intimident ignorent souvent que l'honnêteté est une vertu très prisée. Ils ne comprennent pas que la malhonnêteté amène la méfiance et sape les relations comme rien d'autre ne peut le faire. Ils compromettent donc les liens avec les pairs, les parents, les enseignants et les adultes du voisinage.

Par leur rôle de modèle, les parents sont dans une position vitale pour transmettre l'importance de l'honnêteté. Si un parent est digne de confiance en tout, l'enfant suivra probablement cet exemple. Être honnête entraîne la responsabilité de ses propres actions. Ne vous attendez pas à ce que votre enfant respecte un modèle que vous ne respectez pas vous-même. Il faut démontrer votre honnêteté et l'exiger des autres en étant rigoureusement sincère dans vos échanges avec vos enfants, tout comme avec toute autre personne. Être honnête ne signifie pas chercher à vous en tirer lorsque vous le pouvez. Quand un enfant entend : « Que je ne te revoie pas refaire cela », il apprend qu'il doit tenter d'éviter de se faire prendre. L'enfant devrait savoir que la malhonnêteté n'a sa place nulle part, même s'il peut facilement inventer une excuse à son avantage.

Exercez une bonne surveillance

Aider les enfants à apprendre à être responsables veut dire leur faire savoir que vous serez là pour eux jusqu'à ce qu'ils puissent prendre soin d'eux-mêmes adéquatement. Les enfants qui intimident ont besoin que leurs parents passent du temps de qualité avec eux. Ils ont souvent l'impression que leurs parents font peu de cas de ce qu'ils pensent ou ressentent. Ces enfants ont besoin de savoir qu'ils sont compris et que leurs succès, leurs déceptions et leurs rêves sont importants pour leurs parents.

Parlez avec vos enfants. Apprenez à les connaître comme des personnes. Amusez-vous avec eux et écoutez-les avec attention sans les sermonner. Chaque jour, passez du temps avec chacun de vos enfants, ne serait-ce que quelques minutes. Dites-leur combien ils sont importants pour vous et que vous serez là pour les aider s'ils ont un problème.

Règle générale, on ne devrait jamais laisser les enfants de moins de 10 ans seuls à la maison, mais consultez les lois de votre juridiction pour savoir l'âge qui s'applique chez vous. Si vous devez vous absenter, ne serait-ce que quelques minutes, faites en sorte qu'une personne de confiance surveille vos jeunes enfants. Les enfants de plus de 10 ans peuvent rester seuls pendant une heure ou plus, selon la maturité de l'enfant. Quand les enfants sont laissés seuls à la maison, assurez-vous qu'ils ont accès à un système de soutien s'ils ont besoin d'aide. Assurez-vous que vos enfants connaissent les numéros d'urgence et qu'ils savent comment vous rejoindre rapidement. Si un enfant se voit confier la responsabilité d'enfants plus jeunes, assurez-vous qu'il est assez mature et qu'il a les compétences pour faire le travail. Pour préparer votre enfant à cette responsabilité, faites-lui suivre un cours de gardiennage d'enfant, un cours qui enseigne aux enfants de 11 à 15 ans des habiletés importantes, comme les premiers soins, les techniques de secourisme et la prise de décisions.

Sachez en tout temps où sont vos enfants et qui sont leurs amis. Cela est plus important encore pour les parents d'enfants qui intimident, parce que ces enfants pourraient fréquenter d'autres jeunes agressifs. En votre absence, ne permettez pas à vos enfants d'inviter à la maison des amis dont vous n'approuvez pas la conduite. Si votre travail doit vous tenir loin de la maison pendant l'été ou après les heures d'école, incitez vos enfants à s'inscrire à des activités parascolaires supervisées comme les sports, le théâtre, les cours ou les programmes pour jeunes.

Collaborez et soutenez l'école et l'autre/les autres parent(s) de votre enfant

Certains parents s'engagent dans une guerre de pouvoir avec l'autre parent, avec les beaux-parents de l'enfant ou avec la direction de l'école. Il est important que votre enfant vous voie collaborer de votre mieux avec les autres adultes qui sont responsables de son bien-être. Respectez les opinions des autres adultes qui sont importants dans la vie de votre enfant, même si vous n'êtes pas d'accord avec eux. Si vous ne pouvez pas parler à l'autre parent ou aux beaux-parents de votre enfant sans vous disputer, vous pourrez peut-être envisager une thérapie individuelle ou familiale, ou les services d'un médiateur bien entraîné, pour améliorer la communication. Faites savoir à l'école que vous faites des efforts pour aider votre enfant à changer son comportement, et offrez de collaborer au meilleur de vos moyens pour aider votre enfant à résoudre ses problèmes à l'école. Si vous êtes plus proactif que réactif avec les autres adultes dans la vie de votre enfant, vous constaterez que vous obtenez beaucoup plus de soutien et que la recherche de solutions deviendra un effort d'équipe.

Admettez vos erreurs

Admettre ses erreurs fait partie de l'apprentissage de la responsabilité. Ce n'est pas facile et ça prend du courage. Par leur rôle de modèles, les parents doivent montrer à leurs enfants comment admettre leurs erreurs. Ainsi, admettez vos erreurs et apportez les modifications nécessaires pour corriger le problème.

Décidez ensemble des tâches adaptées à l'âge

Les enfants apprennent la responsabilité en ayant des occasions de la mettre en pratique. Les enfants devraient avoir des tâches ménagères régulières, adaptées à leurs capacités et à leur âge. Ils ne devraient attendre aucune récompense, sauf celle de savoir qu'ils sont des collaborateurs importants dans le fonctionnement journalier de leur famille. Bien que l'argent de poche soit utile pour apprendre aux enfants à gérer l'argent, il ne devrait jamais être relié aux tâches ménagères. Cela amène les enfants à vouloir aider seulement s'ils prévoient en retirer un avantage pécuniaire. Le monde ne fonctionne pas ainsi. Les enfants apprendront rapidement la satisfaction de terminer une tâche et d'aider la famille, et ils ne seront pas frustrés de ne pas être rémunérés pour leur travail.

Assurez-vous de donner des explications claires et de préciser ce qu'il faut faire, quand et comment les tâches doivent être accomplies. Les enfants d'âge scolaire peuvent gérer deux ou trois petites tâches quotidiennes et une plus importante pendant le week-end. Voici quelques suggestions de tâches domestiques :

- Pour les enfants de six à neuf ans : garder leur chambre propre et bien rangée, faire leur lit, vider les corbeilles à papier, balayer le plancher, aider à la préparation des repas, mettre la table, aider à faire la vaisselle, enlever les mauvaises herbes, arroser les plantes, et répondre au téléphone et prendre les messages.

- Pour les enfants de 10 ans et plus : tout ce qui précède, plus laver la voiture familiale, épousseter les meubles, aider à la lessive, tondre la pelouse (sous surveillance), nettoyer la salle de bain, et nourrir et donner de l'eau aux animaux domestiques.

Il est utile que les enfants puissent choisir les tâches dont ils seront responsables. Lorsque l'enfant a un rôle à jouer dans le processus décisionnel, il est plus susceptible de s'acquitter de ses tâches sans qu'on ait à le lui rappeler. Vous pouvez tenir une réunion de famille et suggérer une liste de choix possibles. Si la famille compte plus d'un enfant, on peut faire une rotation des tâches selon une décision prise lors de la réunion de famille. Ces réunions sont des moyens très utiles pour améliorer l'harmonie et la communication dans la famille.

Quand demander l'aide d'un professionnel

Quand les problèmes sérieux de comportement d'un enfant se poursuivent malgré vos meilleurs efforts, il est nécessaire d'obtenir l'aide d'un professionnel. On recommande fortement de consulter un psychologue, un travailleur social ou un psychiatre si votre enfant

- prend plaisir à intimider, à menacer ou à faire mal aux autres;
- a utilisé des objets ou des armes pour blesser ou menacer d'autres personnes;

- est souvent l'initiateur des batailles avec ses pairs;
- a menacé ou agressé sexuellement un autre enfant;
- détruit la propriété d'autrui;
- ment à répétition;
- blâme habituellement les autres pour ses propres écarts de conduite;
- n'écoute jamais les adultes;
- viole souvent le couvre-feu imposé par les parents ou fait l'école buissonnière;
- est cruel envers les animaux.

Pour développer les valeurs de l'empathie, de la conciliation et de la responsabilité, il est essentiel que votre enfant sache traiter les autres avec respect. Gérer la colère est un défi difficile pour chacun de nous, particulièrement pour les enfants qui intimident. Le prochain chapitre se concentrera sur la manière d'aider votre enfant à gérer sa colère avec respect.

Chapitre 11

Aider votre enfant à gérer la colère

Les enfants qui intimident ont de la difficulté avec la colère et l'expriment de façon excessive et inappropriée. Ils réagissent souvent à la moindre provocation innocente, comme une collision dans un corridor ou sur le terrain de jeu, avec des gestes et des paroles de colère gratuits. Ces enfants ont besoin d'aide pour apprendre à gérer leur colère d'une manière socialement responsable. La meilleure façon pour les parents d'enseigner à un enfant qui intimide à gérer sa colère est de lui donner l'exemple d'une bonne gestion de la colère à la maison et de lui apprendre comment communiquer ses besoins pour que les autres l'écoutent. Pour aider les enfants avec leur colère, nous devons commencer par examiner comment nous comprenons et gérons nous-mêmes notre colère en tant que parents.

Quelles sont vos croyances à propos de la colère?

Rappelez-vous ce qui s'est produit la dernière fois que vous étiez en colère. Qu'est-ce qui vous a blessé? Qui vous a blessé? Comment la douleur s'est-elle manifestée? Aviez-vous été intimidé? Méprisé? Ignoré? Avez-vous paru stupide? Avez-vous été blessé physiquement? Quoi qu'il en soit, votre colère était une réaction à une souffrance quelconque, morale ou physique. La vie est souvent cruelle et personne n'y échappe. Quand nous avons mal, nous ne voulons pas montrer notre vulnérabilité et nous exposer à plus de souffrance, c'est alors que nous envoyons un message autour de nous qui dit : « Ne me faites plus mal! » C'est la colère.

Il n'y a rien de répréhensible dans la colère. En soi, la colère n'est ni dangereuse ni mauvaise. En réalité, la colère peut être une émotion très bénéfique parce qu'elle permet d'attirer notre attention sur ce qui est douloureux et nous mobilise afin de nous protéger de souffrances additionnelles. Cependant, la colère est un sentiment tellement physique – le cœur bat plus fort, l'adrénaline fuse, la peau rougit, le corps se tend – qu'elle peut aussi être une émotion difficile à gérer.

Plusieurs enfants ont peur de la colère parce qu'ils l'associent à un abus dont ils ont été victimes alors qu'une autre personne était en colère. Quand on frappe les enfants, quand on crie contre eux, ou qu'ils sont insultés par d'autres enfants ou par des adultes, ces enfants pourraient croire que la colère est dangereuse en soi, alors qu'en réalité c'est le comportement abusif qui est dangereux. Les enfants qui voient les adultes autour d'eux mal gérer leur colère ont souvent tendance à y répondre eux-mêmes de façon inappropriée. C'est la mauvaise gestion de la colère qui peut amener des enfants à faire du mal aux autres ou à eux-mêmes.

Pourtant, la colère n'a pas à déboucher sur la violence physique ou psychologique, parce qu'il y a moyen de la contrôler. Les gens disent : « C'est plus fort que moi » ou « Je n'y peux rien quand je perds le contrôle – je n'ai jamais d'avertissement. » Cependant, il existe des signes avant-coureurs d'un accès de colère. Les gens qui ont de la difficulté avec la colère ont appris à ignorer les émotions qui précèdent l'explosion. Habituellement, ils ont de la difficulté à identifier les émotions plus subtiles comme l'irritation ou l'agacement, et ne peuvent identifier que les émotions plus fortes comme la colère extrême. Il arrive que des gens disent qu'ils n'ont pas la volonté nécessaire pour contrôler leur colère, mais ce n'est pas tant une question de volonté que « d'habileté ». On apprend à gérer et à exprimer sa colère correctement et avec respect comme on apprend toute autre habileté. Il faut du travail, de la détermination et de la pratique. Voyez la colère non pas comme un seul sentiment mais comme toute une gamme de sentiments, allant des sentiments plus faibles comme l'agacement jusqu'aux sentiments plus forts comme la colère pour culminer finalement dans la rage. Apprendre à porter attention aux sentiments qui précèdent ou accompagnent la colère nous permet de l'identifier pendant qu'on peut encore la contrôler.

Bien des gens croient à tort, et enseignent, tout autant à tort, à leurs enfants que les réactions à la colère sont totalement instinctives. Votre manière d'exprimer la colère n'a rien à voir avec la génétique ni avec le sexe, la race ou le statut socio-économique. Nous disons souvent d'une personne qu'elle a sauté un fusible, comme s'il y avait vraiment une boîte à fusibles quelque part en nous! Ou, on entend : « Que voulez-vous – elle est allemande (ou irlandaise, ou italienne, ou issue d'un quartier pauvre). » Quand les gens disent qu'ils ne peuvent rien faire contre ce qu'ils deviennent quand ils sont en colère, ils renoncent volontairement à leur capacité de choisir comment ils réagiront à la colère.

Nous entendons souvent les gens dire, à tort, « Tu me mets tellement en colère ». Personne n'a le pouvoir de vous mettre en colère. La colère est toujours un choix. Ce que nous voulons dire quand nous disons que quelqu'un *suscite* notre colère, c'est que nous avons été blessés. Il nous arrive parfois de croire que cela nous donne le droit de blesser cette personne à notre tour. Nous pouvons toujours choisir d'exprimer notre douleur calmement et clairement au lieu de nous abaisser à lancer une tirade colérique. Quand nous sommes blessés, nous pouvons dire, « Ça me blesse! Je veux que tu arrêtes! » Nous pouvons enseigner à nos enfants à être tout aussi calmes et respectueux quand ils sont en colère.

Quand la colère d'un parent est-elle excessive?

Votre principal rôle en tant que parent est d'enseigner à votre enfant à être responsable et aimant. Il est normal de se sentir en colère à l'occasion, quand les enfants se conduisent mal, qu'ils n'écoutent pas, qu'ils nous répondent ou qu'ils enfreignent les règles familiales, mais c'est dans ces moments que vous devez contrôler votre colère et montrer votre amour et votre sens de la responsabilité à votre enfant. Si vous êtes trop en colère pour être bon, vous êtes alors trop en colère pour discipliner votre enfant à ce moment-là.

La colère devient excessive et s'exprime de manière inappropriée quand un parent

- engueule un enfant;
- frappe un enfant;
- lance un objet à un enfant;
- menace un enfant de lui faire mal physiquement;
- traite de tous les noms ou insulte l'enfant en faisant référence à ses points faibles;
- tente de faire peur à un enfant;
- crie à tue-tête après un enfant.

Si vous êtes tenté d'agir de la sorte, retirez-vous de la situation, et faites une pause sans attendre!

Comment la colère excessive des parents affecte les enfants

La colère incontrôlée est un problème particulier dans les familles d'enfants qui intimident. Tous les parents se mettent en colère contre leurs enfants à l'occasion, et plusieurs parents se sentent coupables du degré de colère qu'ils ressentent et expriment envers leurs enfants. Certains parents ne se sentent pas coupables de faire preuve de colère excessive parce qu'ils ne croient pas que cela soit nuisible. Pourtant, la colère excessive et mal exprimée fait beaucoup de tort aux enfants. De plus, les résultats que produit un comportement colérique sont habituellement contraires à ceux recherchés par les parents. Les enfants d'un parent qui n'exprime pas sa colère adéquatement tendent à moins le respecter et à moins respecter son autorité, ce qui entraîne encore plus de désobéissance. Voici quelques problèmes habituels qui se manifestent quand la colère est excessive.

LES ENFANTS PEUVENT DEVENIR MOINS COOPÉRATIFS

Les parents cherchent une plus grande collaboration en se mettant en colère, mais, paradoxalement, cela entraîne encore plus de défi. Quand les parents sont excessivement en colère, les enfants ont tendance à moins coopérer. Qui voudrait coopérer avec une personne qui lui crie après? Il est irréaliste de croire qu'on peut inciter un enfant à une meilleure coopération quand il est traité de façon irrespectueuse.

LES ENFANTS PEUVENT DEVENIR EN COLÈRE ET CHERCHER LA VENGEANCE DE FAÇON INAPPROPRIÉE

Les parents qui crient, insultent ou frappent créent chez l'enfant une colère contre eux. Comme certains enfants qui intimident ne se sentent pas assez en confiance pour exprimer leur colère à l'égard de leurs parents, ils se vengent à l'école sur leurs pairs qui sont les moins susceptibles de réagir.

LES ENFANTS PEUVENT DEVENIR CRAINTIFS

La colère excessive d'un parent peut laisser certains enfants effrayés ou même terrorisés par ce parent. Les enfants qui intimident sont très souvent tellement déconnectés de leurs sentiments qu'ils ne sont pas conscients qu'ils ont peur et ne présentent qu'une façade colérique au monde entier. Pour exprimer sa peur, l'enfant doit être certain qu'il ne sera pas ridiculisé, et les enfants qui craignent leurs parents ne se sentent pas en sécurité. Jusqu'à ce que des théoriciens, tel Rudolf Dreikurs, auteur de *Children : The Challenge,* commencent à modifier notre conscience collective sur l'art d'élever les enfants, au début des années 1960, la tradition dans notre société voulait qu'on se fie beaucoup à la peur et à l'abus pour dominer les enfants. Malheureusement, il se publie encore aujourd'hui des livres sur l'art d'élever les enfants qui conseillent aux parents qu'il est bon pour leurs enfants de les craindre. Cependant, la plupart des gens considèrent qu'il s'agit là d'une attitude dépassée et ont plutôt adopté l'adage qui veut que l'amour ne grandit jamais là où la peur a pris racine.

Les enfants peuvent se sentir honteux

Les enfants qui sont exposés à la colère parentale excessive ont tendance à se sentir honteux. La honte tend à donner à l'enfant le sentiment qu'il y a quelque chose de fondamentalement mauvais dans ce qu'il est et non dans ce qu'il a fait. Quand un parent réagit de façon excessive en se mettant en colère et en dépréciant un enfant – par des paroles humiliantes, par exemple – l'enfant peut se sentir attaqué en tant que personne. Les enfants qui intimident sont souvent les victimes de l'expression de la colère de leurs parents, ce qui entraîne la honte. Même si ces enfants ne sont pas de mauvaises personnes, la colère de leurs parents les amène à penser d'eux qu'ils sont mauvais. Ils tourmentent les autres enfants pour se convaincre que les autres sont encore moins dignes d'amour qu'eux. Pour éviter que votre enfant ne développe un sentiment de honte, il est important de se rappeler de dissocier l'enfant de tout comportement répréhensible de sa part. Même si vous n'approuvez pas son mauvais comportement, vous devez toujours estimer votre enfant.

Comment changer la façon dont vous gérez votre colère

Si vous n'aviez pas conscience des effets de votre colère chez votre enfant et que vous ressentez maintenant que vous avez causé un tort irréparable, tout n'est pas perdu. Il vous est encore possible d'aider un enfant qui intimide à apprendre à gérer sa colère. La meilleure façon d'enseigner à votre enfant à gérer sa colère efficacement est que vous soyez un modèle pour lui. Quand votre enfant voit comment vous gérez positivement votre colère, il sera probablement tenté de suivre votre exemple. Devant un bon exemple, votre enfant apprendra que la colère est une émotion normale, et non une excuse pour contrôler quelqu'un d'autre. Vous aurez possiblement de la difficulté à modifier vos anciens comportements et à en adopter de nouveaux, car il est probable que tout ce que vous savez sur la gestion de la colère vous vient de votre enfance et que vos réactions semblent automatiques, mais vous pouvez y arriver. Si vous retombez dans vos anciens comportements inappropriés, excusez-vous et essayez de nouveau. Voici quelques suggestions précieuses pour vous exercer à la maison.

Sachez quand vous êtes en colère

Tom rentrait à la maison après une journée particulièrement éprouvante au travail pour constater que son fils de 10 ans avait encore laissé sa bicyclette dans l'allée. Il s'est senti rougir, son cœur battait plus fort, et il a remarqué qu'il prenait des respirations courtes et rapides. Ces symptômes physiques avertissaient Tom qu'il devenait très en colère et qu'il valait mieux se calmer avant de régler le problème de la bicyclette de son fils.

Il est important d'être attentif aux indices physiques qui nous annoncent la colère. La colère est un état émotionnel puissant qui provoque des réactions physiques qui ne trompent pas, par exemple :

- hausse de la température du corps,
- accélération des battements du cœur,
- vertiges,
- souffle court,
- respiration rapide,
- transpiration,
- serrements dans les bras, la poitrine, les mains et l'estomac,
- estomac nerveux (« papillons »),
- mâchoires serrées ou grincement de dents.

Quand vous ressentez un de ces signaux, prenez le temps de vous calmer avant de faire quoi que ce soit. Quand les parents punissent sous le coup de la colère, ils sont plus portés à être injustes et impulsifs, et à faire du mal à leurs enfants, physiquement ou émotionnellement.

Faites une pause

Quand Tom a vu la bicyclette de son fils dans l'allée, puis qu'il s'est rendu compte de sa réaction, en identifiant ce sentiment comme étant de la colère, il s'est dit : « Arrête et réfléchis. Tu peux t'en occuper calmement. » Il est resté assis dans sa voiture pendant un moment, a pris de grandes respirations et a attendu de se sentir calme avant d'aller parler à son fils. C'était la façon pour Tom de faire une pause.

Le vieux concept de la pause est une des façons les meilleures et les plus efficaces de gérer sa colère.

Quelle que soit la cause de la colère, il faut vous en occuper; mais sans recul et sans calme, vous ne serez pas rationnel.

Enseignez à vos enfants la valeur de se calmer par une pause en utilisant les trois étapes suivantes :

1. **Arrêtez.** Cessez toute activité. Quel que soit le problème, cela peut attendre que vous soyez plus calme. En ce moment, votre but le plus important est de garder votre calme.
2. **Réfléchissez.** Parlez-vous en vous disant des phrases positives comme « Ne crie pas », « Ce n'est qu'un dur moment à passer », « Je peux régler ceci calmement », « Je suis en paix et calme », « Je traite mon enfant avec amour et respect », ou « Arrête! Réfléchis! » Il est difficile de penser clairement quand vous êtes en colère. Alors, choisissez une de ces phrases à l'avance, ou combinez-les, comme l'a fait Tom, pour les utiliser quand vous serez en colère.
3. **Respirez à fond.** Prendre des respirations est un des moyens les plus rapides et les plus efficaces pour faire baisser la colère. Concentrez *toute* votre attention sur votre respiration. Inspirez par le nez et expirez par la bouche. En respirant calmement, lentement, dites-vous : « Inspire… relaxe. » Imaginez que vous inspirez la paix et le calme, et que vous expirez la colère. Continuez ainsi jusqu'à ce que vous retrouviez votre calme.

Si vous êtes encore trop en colère pour parler doucement, vous devez vous éloigner de la situation. Dites simplement à votre enfant : « Je suis trop en colère pour parler maintenant. Je vais faire une pause. » Puis, éloignez-vous de la situation pour un moment jusqu'à ce que vous puissiez parler calmement. Vous voudrez peut-être prendre une marche, écrire vos sentiments dans une lettre, ou vous occuper physiquement pour brûler votre énergie. Ne prenez ni alcool ni drogue, et ne conduisez pas votre voiture quand vous êtes en pause.

Il est très important de vous souvenir de toujours traiter votre enfant avec amour – particulièrement quand vous êtes en colère, et de faire une pause pour vous permettre de le faire.

Recourez à des pensées positives pour vous en sortir

Les parents qui gèrent bien la frustration ont tendance à utiliser des monologues positifs. Exercez-vous à être attentif aux pensées qui vous passent par la tête quand vous êtes en colère. Souvent, ce sont des pensées négatives qui ne font qu'augmenter votre colère. Quand vous constatez que c'est ce qui se passe, combattez ces pensées négatives par des pensées positives, plus réalistes. Par exemple :

Au lieu de dire à votre enfant	*Dites-vous*
« Je ne peux pas supporter ça. »	« Je peux régler ceci. C'est difficile, mais je peux y arriver. »
« Tu essaies de me rendre fou (folle). »	« C'est normal pour son âge. Mon enfant n'essaie pas de me rendre fou. C'est un enfant normal. »

« Tu n'écoutes jamais. »	« Ce n'est pas vrai. Parfois, il écoute. Présentement, il est contrarié et il tient à son point de vue. Je suis l'adulte et je peux me comporter comme tel. Je le traiterai avec respect. »
« Tu n'es qu'un idiot (voyou, paresseux, imbécile, etc.). »	« Doucement. Les insultes n'aideront en rien. Ce n'est pas parce que je suis en colère que j'ai le droit de lui manquer de respect. J'utiliserai un langage respectueux même si je suis en colère. »
« Tu tournes tout en discussion sans fin. »	« N'exagère pas. Parfois, il ne le fait pas. Je peux rester calme et me conduire en adulte. »
« Tu te fous de moi. »	« Un instant! Je ne sais pas ce qu'il ressent. Présentement, il agit en égoïste, mais ce n'est pas grave. Cela arrive parfois chez les enfants dont les besoins ne sont pas comblés. Je serai calme et je le traiterai avec respect. »

Quelques bons conseils pour aider les enfants à gérer la colère

Les familles ont parfois des règles tacites sur la colère. Dans certaines familles, aucune manifestation de colère n'est tolérée. Chez d'autres, c'est tout le contraire. Dans ces familles, la colère semble être le seul sentiment qu'on exprime. Les extrêmes ne sont pas sains. Que la colère soit admissible dans votre famille, d'accord, mais insistez toujours pour qu'on l'exprime avec respect.

Ne niez jamais la colère de votre enfant en disant : « Je sais que tu n'es pas vraiment en colère » ou « Je sais que ce n'est pas ce que tu ressens. » Non seulement c'est insultant pour votre enfant, mais ça lui fera enfouir profondément sa colère. Les sentiments non exprimés trouvent toujours un exutoire; il en va ainsi de la colère, qui se manifestera soit par un comportement violent, soit par une dépression.

Un parent qui nie la colère de son enfant se sent inconfortable face à ses émotions. Si vous avez de la difficulté à accepter ou à exprimer votre colère, il est probable que vos enfants feront de même. Les familles doivent fixer des règles claires pour exprimer la colère. En donnant l'exemple d'une bonne gestion de la colère, vous aurez fait beaucoup pour corriger les comportements inappropriés de votre enfant, mais les enfants qui intimident ont aussi besoin de conseils directs sur les attitudes et les habiletés pour gérer leur colère efficacement. Les suggestions qui suivent aideront vos enfants à contrôler leur colère, tant physiquement que verbalement.

Apprenez à vos enfants à ne jamais frapper, ne jamais lancer des objets aux autres, ou crier des insultes

La colère est une émotion physique, et certains enfants aiment frapper les gens ou leur lancer des objets quand ils sont en colère. Apprenez à vos enfants à ne jamais toucher les autres quand ils sont en colère et à ne jamais ramasser d'objets pour les lancer à d'autres. Apprenez à vos enfants à ne jamais utiliser des paroles ou des expressions qui *pourraient possiblement* blesser les sentiments d'une autre personne.

Apprenez à vos enfants la différence entre la peur et le respect

Les enfants qui intimident confondent souvent peur et respect. Ils croient que les gens cesseront de les respecter s'ils cessent d'intimider. Votre enfant doit apprendre que la peur et le respect sont incompatibles. Les enfants qui intimident sont souvent surpris de constater que les gens les respectent plus quand ils commencent à traiter les autres équitablement. Quand ils découvrent qu'ils peuvent souvent obtenir ce qu'ils désirent en traitant quelqu'un avec respect, ils cesseront de dépendre de leur outil de longue date – l'intimidation.

La meilleure façon d'enseigner à votre enfant à traiter les autres avec respect est de l'encourager à vous respecter, et non à vous craindre. Le respect se gagne en vous assurant que vous traiterez toujours votre enfant avec dignité et bonté. Ne punissez pas quand vous êtes en colère. Les enfants qui sont respectés par leurs parents auront naturellement tendance à respecter leurs parents à leur tour, et leur demanderont conseil quand ils auront des difficultés.

Pensez aux conséquences

Quand un enfant se sent en colère, il est temps qu'il réfléchisse. Il y a toujours un choix dans la façon d'exprimer la colère. Aidez votre enfant à comprendre que, face à la colère, ce qu'il décide de faire est un choix – rien ne le *force* à adopter un comportement négatif. Apprenez à votre enfant que personne nous *met* en colère, mais que réagir avec colère est une décision qu'il prend. Apprenez à votre enfant à faire une pause et à se demander : « Quelles seront les conséquences si je me mets en colère, et quelles seront-elles si je garde mon calme? » Puis, « Quelles sont les conséquences que je désire? » Les conséquences négatives peuvent vouloir dire la perte de privilèges à l'école, à la maison, ou se faire blesser. Une conséquence positive de contrôler la colère, en plus du maintien des privilèges, peut être de gagner le respect des autres enfants.

La colère, sentiment nécessaire à notre survie, aide à nous protéger contre le mal non nécessaire. Lorsqu'elle est mal gérée et qu'elle devient une excuse pour faire mal aux autres, verbalement ou physiquement, elle mène au conflit. Quand on la gère bien, l'expression de la colère sert à régler les conflits. Les parents sont dans une position privilégiée pour apprendre à un enfant qui intimide comment exprimer sa colère de façon respectueuse et sans danger.

Épilogue pour tous les parents

Il faut du temps et des efforts soutenus pour apporter des changements dans notre société. Il y a deux cents ans, les citoyens américains respectueux des lois étaient légalement propriétaires d'autres êtres humains. Jusqu'au début du siècle dernier, les femmes étaient légalement considérées inférieures aux hommes aux États-Unis. Il y a moins de cinquante ans, il était légal d'interdire l'accès à des endroits publics à des gens pour cause de la couleur de leur peau. Aujourd'hui, nous nous demandons comment notre nation a pu accepter de telles notions barbares. Même s'il nous reste encore beaucoup de chemin à parcourir pour s'assurer que tous les citoyens auront les mêmes droits civils, la loi prévoit désormais que tous sont égaux, peu importe leur sexe ou leur race.

Cependant, si nous voulons en arriver à dire que le racisme et le sexisme et autres attitudes d'intolérance sont des problèmes du passé, nous devons faire face à nos attitudes à l'égard de la violence entre pairs chez les enfants. Clairement, si nous voulons sérieusement changer le tissu social violent de notre nation et réduire la population dans nos prisons, nous devons commencer avec nos enfants. La graine de l'intolérance et du comportement criminel à l'âge adulte est semée pendant l'enfance. Nous devons reconnaître que, lorsque nous minimisons l'importance de l'intimidation pendant l'enfance, nous normalisons les comportements violents. Quand nous normalisons la violence entre enfants, nous pouvons continuer de nous attendre à une terrible récolte. Sans interventions efficaces, les enfants qui intimident continueront à rabaisser notre société par leur violence à l'âge adulte. De plus, les cibles de l'abus des pairs peuvent devenir violentes à leur tour, particulièrement lorsqu'elles croient que personne ne se soucie d'elles.

Ce n'est pas et ce ne sera jamais efficace de punir les enfants qui ont des tendances antisociales. Pourtant, nous avons souvent omis de regarder au-delà de la punition des enfants qui intimident comme une solution pour régler l'abus des pairs. Bien que les punitions soient souvent appropriées et nécessaires, elles ne contribuent pas à elles seules à apprendre aux enfants à être responsables de leur comportement. Pour mettre fin à l'abus des pairs, nous devons aider les enfants qui intimident à apprendre les valeurs, les attitudes et les comportements – en particulier, l'empathie et la gestion de la colère – qui donneront naissance à des relations saines entre pairs. La famille a un rôle à jouer dans l'apprentissage de la responsabilité. La famille est un laboratoire d'apprentissage pour l'enfant. Les enfants apprennent des choses merveilleuses dans la famille. Par contre, les enfants peuvent aussi apprendre de leur famille des comportements qui sont irrespectueux envers les autres et qui, en fin de compte, vont à l'encontre du but recherché. Si un enfant ne peut apprendre à être responsable de son comportement chez lui, l'enfant et la famille ont besoin d'aide.

Les familles des enfants qui sont les cibles de l'abus des pairs ont aussi un rôle à jouer pour changer les effets dommageables de l'abus des pairs dans notre société. Elles peuvent aider un enfant à développer une saine estime de soi et des habiletés pour s'affirmer, afin de le préparer à faire face efficacement au comportement des enfants agressifs. Si on enseigne à suffisamment d'enfants à refuser les attitudes de supériorité démontrées par les enfants agressifs, les enfants qui intimident apprendront aussi que ce comportement ne sera pas toléré et qu'il ne leur apportera rien, même à court terme.

En dehors de la famille, nous avons besoin de plus de programmes d'ensemble pour aider les jeunes. Pour combattre l'abus des pairs, il faut un effort concerté de la part des parents, des écoles, du système judiciaire et de la communauté tout entière. En tant que parents, nous devons nous regrouper avec les écoles et notre communauté pour faire cesser l'abus des pairs. Nos enfants méritent de vivre leur vie libres de la peur des abus de toutes sortes, et nos efforts pour aider nos enfants à acquérir des modèles de comportement plus sains peuvent changer le cours de leur vie.

Notes

Introduction

1. J. Hoover, R. Oliver et K. Thomson. « Perceived Victimization by School Bullies : New Research and Future Direction », *Journal of Humanistic Education and Development* 32 (1993) : 76-84.
2. R. Hazler, J, Hoover et R. Oliver. « What Kids Say about Bullying », *Executive Educator* 14, n° 11 (1992) : 20-22.
3. J. Lee. *Facing the Fire : Experiencing and Expressing Anger Appropriately* (New York : Bantam Books, 1993).

Chapitre 1

1. Lesa Rae Vartanian, personal communication, Indiana University-Purdue University, Fort Wayne, Ind., novembre 1999.

Chapitre 2

1. M. A. Hamburg. « Youth Violence Is a Public Health Concern », *Violence in American Schools : A New Perspective,* ed. D. S. Elliott, B. Hamburg et K. R. Williams (New York : Cambridge University Press, 1998), 31-54.

2. Base de données en ligne : http://www.cdc.gov/ncipc/osp/usmort.htm, Atlanta, Ga. : Centers for Disease Control and Prevention, National Center for Injury Prevention and Control. Consultée en août 1999.
3. Centers for Disease Control and Prevention, « Rates of Homicide, Suicide, and Firearm-Related Deaths among Children in Twenty-Six Industrialized Countries », *Morbidity and Mortality Weekly Report* 46 (1997) : 101-5.
4. Gesele Lajoie, Alyson McLellan et Cindi Seddon. *Take Action Against Bullying* (Coquitlam, B.C.: Bully B'Ware Productions, 1997).
5. G. M. Batsche et H. M. Knoff. « Bullies and Their Victims : Understanding a Pervasive Problem in the Schools », *School Psychology Review* 23, n° 2 (1994) : 165-74.
6. R. Oliver, J. Hoover et R. Hazler. « The Perceived Roles of Bullying in Small-Town Midwestern Schools », *Journal of Counseling and Development* 72 (1994) : 416-20.
7. H. Estroff Marano. « Big, Bad Bully », *Psychology Today,* septembre-octobre 1995, 50-82.
8. Betty Reardon. Discours « Peacebuilding in Schools and Communities », Indiana University, Bloomington, Ind., 15 août 1999.

Chapitre 3

1. D. Olweus. « Bully/Victim Problems among Schoolchildren : Basic Facts and Effects of a School-Based Intervention Program », *The Development and Treatment of Childhood Aggression* (Hillsdale, N.J. : Lawrence Erlbaum, 1991), 411-48.
2. Judith Rich Harris. *The Nurture Assumption* (New York : The Free Press, 1998).
3. P. T. Slee. « Situational and Interpersonal Correlates of Anxiety Associated with Peer Victimization », *Child Psychiatry and Human Development* 25, n° 2 (1994) : 97-107.

4. G. M. Batsche et H. M. Knoff. « Bullies and Their Victims : Understanding a Pervasive Problem in the Schools », *School Psychology Review* 23, n° 2 (1994) : 165-74.
5. S. Greenbaum, B. Turner et R. D. Stephens. *Set Straight on Bullies* (Los Angeles : Pepperdine University Press, 1988).
6. D. Olweus. « Schoolyard Bullying : Grounds for Intervention », *School Safety,* automne 1987, 4-11; L. D. Eron. « Aggression through the Ages », *School Safety,* automne 1987, 12-16.
7. V. E. Besag, *Bullies and Victims in Schools* (Bristol, Pa. : Open University Press, 1989).
8. D. Olweus. « Victimization by Peers : Antecedents and Long-term Outcomes », *Social Withdrawal, Inhibitions, and Shyness,* ed. K. H. Rubin and J. B. Asendorf (Hillsdale, N.J. : Lawrence Erlbaum, 1993), 315-41.
9. L. Eron, « What Becomes of Aggressive School-children? » *Harvard Mental Health Letter,* avril 1988, 8.

Chapitre 9

1. D. Gorman-Smith, P. H. Tolan, A. Zelli et L. R. Huesmann. « The Relation of Family Functioning to Violence among Inner-City Minority Youths », *Journal of Family Psychology* 10 (1996) : 115-29

Lectures recommandées

DINKMEYER, Don et MCKAY, Gary. *The Parent's Handbook : Systematic Training for Effective Parenting*. Circle Pines (MN), American Guidance Service, 1997.

EASTMAN, Meg et ROSEN, Sydney Craft. *Taming the Dragon in Your Child : Solutions for Breaking the Cycle of Family Anger.* New York, Wiley, 1994.

HYMAN, Irwin A. *The Case against Spanking : How to Discipline Your Child without Hitting*. San Francisco (CA), Jossey-Bass, 1997.

ILLSLEY CLARKE, Jean et DAWSON, Connie. *Growing Up Again : Parenting Ourselves, Parenting Our Children*. 2e édition. Center City (MN), Hazelden Information and Educational Services, 1998. Traduit en français : *Grandir avec ses enfants*, Montréal, Éditions Sciences et Culture Inc.

LIGHTER, Don. *Gentle Discipline : Fifty Effective Techniques for Teaching Your Children Good Behavior.* Minnetonka (MN), Meadowbrook Press, 1995.

MCKAY, Matthew, FANNING, Patrick, PALEG, Kim et LANDIS, Dana. *When Anger Hurts Your Kids : A Parent's Guide*. Oakland (CA), New Harbinger, 1996.

NELSON, Jane, LOTT, Lynn et GLENN, H. Stephen. *Positive Discipline A–Z*. Rocklin (CA), Prima, 1999.

À propos de l'auteur

William Voors, un travailleur social clinicien diplômé, conseille des individus et des familles depuis plus de vingt ans. Outre sa pratique de la psychothérapie, l'auteur dirige des ateliers d'information et de prévention de l'intimidation pour les écoles et les organismes communautaires.

La vérité sur la marijuana

Dix accros de la mari parlent de leur vécu

Cet ouvrage lève le voile sur les dommages que l'usage de cette drogue risque de causer à ceux et celles qui en font usage. Selon l'auteure, « ... il ressort clairement que la mari est loin d'être une drogue inoffensive que l'on consomme sans conséquences. Ce sont des années entières de leur vie que gaspillent les accros de marijuana, sans compter toutes les souffrances à long terme, tant émotionnelles que mentales, qu'elle occasionne. »

JOANNE BAUM, PH.D.

14 X 21,5 CM • 288 PAGES • 2-89092-272-3

Suicide

Trente adolescents parlent de leurs tentatives

Un livre souvent très émouvant. Il exprime avec clarté les sentiments et les expériences de vie de trente adolescent(e)s qui ont essayé de se suicider. Cet ouvrage fournira aux adolescents une sérieuse connaissance du suicide et leur fera accepter d'autres solutions que le suicide.

MARION CROOK
14 X 21,5 CM • 240 PAGES • 2-89092-194-8

Bouillon de poulet pour l'âme des Ados II

D'autres histoires sur la vie, l'amour et l'apprentissage

Ce livre est rempli de témoignages d'adolescents qui partagent leurs expériences pour t'aider à accepter la vie, à devenir une meilleure personne, à être heureux d'être qui tu es et à t'aimer. Ces récits te montreront que, aussi difficile que te paraisse ta situation, tu peux surmonter les coups durs.

JACK CANFIELD, MARK VICTOR HANSEN
ET KIMBERLY KIRBERGER
15 X 23 CM • 336 PAGES • 2-89092-285-5